AF290580

Como decía Mi Padre …

REVISIÓN DE CREENCIAS SOBRE FRASES POPULARES

Olga Colino Mediavilla

Impresión y editorial: BoD – Books on Demand
info@bod.com.es - www.bod.com.es
Impreso en Alemania – Printed in Germany"

ISBN: 978-8-4137-3645-7

Dedico

Este libro a mi madre, Artura Mediavilla Reguera, y a mi abuelo Bernardo, su padre, que son las dos personas que me han inspirado para realizar este trabajo tan especial y que ha supuesto para mí un nuevo avance en mi evolución de vida. La intensidad y el cariño con el que me mi madre transmitió la información que le enseñó su padre, han hecho que para mí tenga sentido la escritura de este libro y el profundo trabajo de reflexión que he realizado. Me siento muy afortunada por formar parte de esta familia y honro el apellido Mediavilla desde lo más profundo de mi corazón.

También quiero dedicárselo a mi abuela Jacinta, a la que siempre me sentí muy unida. Seguro que muchas de las frases son suyas.

Y con mucho cariño a mi hija Helena que tanto me apoya y que me ha aportado muchas de las frases del libro porque ella también las ha oído de mi madre, de mí o de las dos.

Cada uno enseña lo que sabe y lo que piensa que es mejor … ahora la responsabilidad de lo que hemos interpretado y de cómo lo usamos es sólo Nuestra.

Gracias, Gracias, Gracias.

Valsaín, Mayo 2021.

PRÓLOGO

Querido lector:

Este libro que tienes en tus manos no es un refranero, es una exploración profunda sobre las interpretaciones que he dado a esas frases y refranes que escuché desde niña.

Sin darnos cuenta creamos una experiencia de vida a través de la información que vamos recibiendo y, generalmente, de manera tan automática que no nos damos cuenta de por qué hacemos las cosas.

Espero que disfrutéis leyendo cómo me afectaron a mí las mías y que, quizás, al compartir esto, a alguien se le despierten las ganas de explorar cómo le afectaron las suyas.

Como mínimo deseo que disfrutéis con la lectura y paséis un rato agradable.

No tienes en tus manos este libro por casualidad.

GRACIAS.

INTRODUCCIÓN

Hoy, 17 de Diciembre de 2020 empiezo a escribir este libro que nació justo cuando terminé de escribir mi primer libro "La Película De Mi Vida".

Me gustó tanto la experiencia de escribir que, cuando terminé el primer libro pensé ¿qué escribiré ahora? Y, rápidamente, vino el título a mi cabeza "Como decía mi padre …" y a continuación se desarrolló en mi cabeza el enfoque y supe que sería un trabajo bonito y profundo para mí.

Lo apunté en el cuaderno junto a algunas frases y me centré en la edición del primer libro con la tranquilidad y la ilusión de que ya sabía que escribiría cuando terminase mi primer proyecto.

Eso fue el 17 de Abril de 2020. Han pasado exactamente 8 meses. El 8 es un número muy presente en mi vida así que estoy agradecida por decidir ayer que hoy empezaría a escribir.

En estos 8 meses algo del libro he hecho y ha sido seguir apuntando frases cuando venían a mi cabeza.

¿Qué son esas frases que apunto?

Son frases y refranes que he oído desde que era pequeña y que sé que han tenido un fuerte efecto en mí por oírlas tantas veces y expresadas de manera tan convencida y rotunda por personas a las que quería.

Una de las personas que me decía esas frases era mi madre. En algunas ocasiones ella introducía ese refrán con "como decía mi padre ...".

Esas frases eran especialmente impactantes para mí porque yo percibía que mi madre lo decía con mucho cariño, dotando a su padre de total autoridad y sin ningún atisbo de duda. Al escucharlo así, yo interpretaba que eso era una verdad absoluta, mi madre y mi abuelo debían tener razón.

Es importante para nosotros confiar en la sabiduría de los mayores porque nos da seguridad.

Pues bien, el objetivo de este libro es revisar algunas de esas frases y refranes que he oído a lo largo de mi vida y explorar qué efecto han tenido en mí. En definitiva, revisar las creencias que he construido a partir de esas frases, ver cómo han afectado a mi vida y, sobre todo, ver si esas creencias creadas y esas interpretaciones me siguen siendo útiles hoy en día o, por el contrario, puedo ajustar algunas para enriquecer mi vida actual.

Aunque sé que será un trabajo intenso, este es un buen momento porque me siento más madura y capaz de encargarme de mí, por lo que no me causará tanta inseguridad pensar que mi madre, mi abuelo y otras personas queridas pueden equivocarse y que yo misma me habré equivocado en muchas ocasiones con la interpretación que di al escucharlo.

Y, como me parece un bonito homenaje a mi madre y a mi abuelo y, además, ha dado título al libro, voy a empezar con una de esas frases que en mi cabeza va acompañada del "como decía mi padre … ".

Como decía Mi Padre …

1. Como decía mi padre … "El que a los 40 no es rico, borrico".

Empiezo con esta frase que, aunque no me la decía mi madre de muy pequeña y tampoco creo que me la haya dicho muchas veces, siento que tiene mucha importancia para mí porque a veces viene a mi cabeza y siento que algo se mueve en mi corazón.

Después de cerrar los ojos, repetirme la frase y explorar lo que siento, veo que es un sentimiento de profunda tristeza.

Y creo que la clara pregunta que viene a mi cabeza es: Si en mi familia no hay ricos, ¿somos borricos?

Pues bien, voy a ver qué son para mí los ricos y los borricos y voy a ver también qué cosas hago o no hago para ajustarme al patrón que me toca, que creo que va a ser "borrico".

¿Por qué creo que me toca "borrico"?

Porque si simplifico mucho:

- En mi familia no hay ricos, concretamente en mi familia materna que es de la que proviene la frase.

- Si no son ricos, son borricos.
- Yo quiero formar parte de mi familia y ser aceptada, así que tengo que ser "borrico".

He intentado poner "borrica" y mi mente me decía ... no inventes, no es "borrica" es "borrico" ... así, que ya de entrada veo que en mi interior eso implica que el que puede traer la riqueza es el hombre.

¿Yo no puedo aportar riqueza a mi familia?

¿Si mi marido aporta riqueza me salgo del patrón del clan materno?

¿Por qué mi abuelo se llamaba borrico así mismo?

¿Por qué mi madre lo transmite y llama borricos a su marido y a sus hijos?

¿Qué es para mí un rico?

¿Qué es para mí un borrico?

¿Pasados los 40 ya no hay solución?

Veo que tengo bastante trabajo por hacer, paso a paso y con cariño me iré respondiendo y colocando la información.

Si exploro un poco, me doy cuenta de que, efectivamente, yo no me estoy permitiendo aportar riqueza a mi familia. Hasta ahora he trabajado mucho y he aportado sueldos que dan para vivir y no dan para riquezas. De alguna manera, creo que, aunque no me considero "borrico" que, como veía antes, corresponde a los hombres, me considero "pobre" por tradición familiar y por no poder permitirme riquezas.

Según lo digo me doy cuenta de que para mí es un tema que tiene que ver exclusivamente con el dinero y bienes materiales o cosas que se pueden hacer si tienes mucho dinero porque me vienen otros aspectos en los me siento muy "rica". Lo exploraré en profundidad cuando me pare a ver qué significado tiene para mí "rico" y "borrico".

Ahora que he revisado que yo no me permito aportar riqueza a mi familia, paso a revisar a mi marido.

¿Aporta él riqueza? No, él, igual que yo, para mantener el nivel familiar de "no rico" aporta dinero para vivir sin que sea suficiente para permitirnos "riquezas".

También aporta muchas otras cosas como "ser trabajador", "ser buena persona", "sentido del humor" y otras cualidades que mi madre valoraba de su padre.

¿Cómo me sentiría si él aportase dinero en abundancia y yo pudiese permitirme riquezas?

Respirando un poco esta pregunta con los ojos cerrados, se me forma una bola de dolor en el pecho. Una lucha interna, un deseo profundo de que eso sea así mezclado con un sentimiento de traición hacia mi madre y mi familia.

Es como que me encantaría y, sin embargo, me digo que eso no es para mí, que no me pertenece. Indudablemente, me doy cuenta de que creo que la cualidad de "no rica" me une a mi clan y que es condición necesaria para mí que mi marido sea "no rico" para estar bien integrada en el sistema familiar.

Habitualmente no sentimos como he hecho ahora, sólo pensamos y yo pienso que quiero más dinero para poder hacer y/o comprar más cosas y, sin embargo, sintiendo me doy cuenta de que hay un miedo profundo de traicionar a mi familia, de no ser como ellos, de no pertenencia que es lo que me hace crear la realidad que estoy creando para sentirme a salvo y protegida.

Siempre que escuché a mi madre la frase pensé que mi abuelo se llamaba borrico a sí mismo y que mi madre diciéndolo también se lo llamaba a mi padre y mis hermanos. Aunque según la oía de ella, yo interpretaba que la cosa no iba directamente conmigo porque "era cosa de hombres", me daba algo de pena y no lo entendía bien. En mi cabeza lo veía como un reproche que recaía directamente sobre nosotros porque esa era la situación que yo veía en los hombres de mi familia, "no ricos" así que "borricos".

Quizás esto tiene más que ver con que en multitud de ocasiones criticamos cosas fuera, en personas o situaciones, sin darnos cuenta de que eso es algo nuestro, de que formamos parte de esa realidad que estamos viendo y criticando.

¿Qué es para mí un rico?

Una persona maravillosa, próspera, que puede disfrutar de cosas bonitas y bellas en la vida, que puede vivir con comodidades.

Según lo estoy escribiendo me viene a la cabeza la pregunta de si son felices. Creo que esa pregunta me viene también por alguna otra creencia que he construido en mi interior por tantas cosas escuchadas con relación al dinero como por ejemplo "el dinero no da la felicidad".

Pues bien, hoy quiero transformar o completar esa frase "el dinero no da la felicidad, ni te la quita".

En realidad, para cada uno la felicidad tiene un significado diferente. A veces nos sentimos felices con cosas muy pequeñas, otras veces con grandes cosas. Algo puede hacerme muy feliz a mí y ser totalmente indiferente para otra persona.

Actualmente yo no busco ser feliz, he descubierto mi estado ideal que es estar en paz o, más bien, vivir en paz. He visto y he experimentado que puedo vivir en paz tanto situaciones que me agradan o "me hacen feliz" como situaciones que no.

Por eso, me gustaría deshacer esa asociación del dinero con la felicidad o no felicidad y también, quitarle peso e intensidad a la felicidad en sí. Aquí viene directamente el tema de la dualidad, ¿cómo podría yo reconocer momentos felices si no conociese momentos infelices?

Bueno, visto que yo no quiero ser rica para no salirme del patrón familiar:

¿En qué me estoy limitando para mantener el estatus de "no rica"?

Básicamente me limito en la cantidad de dinero que tengo y así no puedo hacer cosas que considero de alguna manera "lujos" o "cosas de ricos". Entre estas cosas estaría viajar, reformar la casa, comprar ropa, comprar perfumes, hacer regalos, salir a comer o cenar a restaurantes, ir al cine y otros espectáculos.

Todas estas cosas no es que nunca las haga, a veces las hago, aunque no con la frecuencia que quiero y, lo más importante, no lo hago disfrutándolo 100% porque siempre tengo la sensación de estar gastando lo que no debo, en definitiva, haciendo algo que "yo no me puedo permitir".

Al escribirlo, ha resonado en mi cabeza esa frase de "eso nosotros no nos lo podemos permitir". Es una frase que escuchaba con frecuencia a mi madre y que, de alguna manera fui interiorizando.

Para mí tiene mucho peso el "nosotros" que mi madre solía utilizar en sus expresiones. Con frecuencia hablaba de "Nosotros" y de "Otros". Recuerdo con cariño que a mí me enfadaba eso porque de esos "Otros" hablaba como si fuesen mejores que nosotros y a mí no me agradaba o quizás me apetecía estar en ese lado de "los otros".

Es ahí donde se genera esa lucha interna en la que por un lado quieres vivir y hacer lo que los "otros" porque te gusta y, por otro lado, no te lo permites porque quieres pertenecer a ese "nosotros" que, al fin y al cabo, es tu familia, tu origen.

Hoy me doy cuenta al escribirlo, que nada puede sacarme de la familia a la que pertenezco, que tenga más o menos dinero no va a cambiar mis raíces y, además, que ninguno de mis familiares ni antepasados se disgustarían porque me "fuese bien" económicamente, al contrario, se alegrarían. Todos queremos ver lo mejor posible a nuestros seres queridos. Además, las personas del clan familiar que son diferentes o hacen algo diferente a como lo hizo la mayoría, pueden servir de referente e inspiración para otros de su clan y romper así con esa cadena de fidelidad que no aporta bienestar.

¿Qué es para mí un borrico?

No me gustaba nada oír esa palabra refiriéndose a personas porque para mí un borrico es un animal. Quizás ahora veo esa diferencia entre hombres y animales menos relevante.

Si aplico el término borrico a personas, veo una persona sin estudios, de clase "inferior" y que tiene que trabajar mucho.

Han venido a mi cabeza mientras escribía lo anterior majestuosos caballos. Es un animal que me encanta el caballo, el mundo del caballo está también dentro de la categoría de cosas que "nosotros no nos podemos permitir".

Hoy sobre todo quiero quitar esa barrera mental que tengo, esa clasificación absurda de "ricos" y "borricos" o "ricos" y "pobres". Las personas son personas y son todas igual de válidas y merecedoras de poder hacer cosas que les gusten. En unas ocasiones tendremos más dinero y en otras menos, sin embargo, eso no es lo que nos define como personas, el dinero no tiene el poder de cambiar nuestra esencia. Somos nosotros los responsables de cómo nos comportamos con o sin dinero, responsables de cómo nos sentimos de pertenecientes a nuestras familias y responsables de nuestra vida, en definitiva.

Me doy permiso para disfrutar de cosas bellas de la vida que me gustan, sabiendo que eso no me define y, sobre todo, que no tiene capacidad para alejarme de mis raíces.

En cuanto a la edad, quiero agradecer al dicho lo de los "40" porque yo, que ya los supero, me siento jovencísima, mentalmente creo que los 40 no los he rebasado, quizás para no ser "borrica".

En cualquier caso, considero que mientras tengamos vida estamos a tiempo de hacer o cambiar cualquier cosa sin importar la edad que tengamos.

Gracias por mi nueva visión, gracias porque hoy puedo pensar en esa frase sin sentir que me pesa y me incomoda.

Gracias a mi familia por todo lo que han hecho y por cómo han experimentado sus vidas.

Y, gracias a los borricos, me parecen preciosos y, además, han tenido una gran labor en muchas ocasiones y han aportado mucho al hombre. De hecho, acabo de decidir que les haré un homenaje y formarán parte de la portada de este libro.

Gracias.

2. "A Nosotros nadie nos regala nada".

Siguiendo con temas económicos, y también por contener la palabra "Nosotros" que tanto me pesa, voy a abordar esta frase.

Para mí, esta frase tan pequeña es muy potente y me carga mucho.

Al llevar ese "Nosotros" y estar dicha por mi madre, me siento incluida y como que no tengo escapatoria porque formo parte de ese "Nosotros".

"Nadie" es también una palabra muy fuerte para mí, no deja lugar a dudas, no hay un rayo de esperanza, es como asumir que no hay otra opción y esto se ha de cumplir sí o sí.

NADA: nada por su parte incluye todo, así que no hay opción, no hay ninguna cosa que se escape a esta sentencia y que pueda recibir como regalo. Parece triste.

REGALA: regalar, sin embargo, me parece la palabra más bonita del mundo. Para mí significaría "Dar sin esperar nada a cambio".

Me emociona tanto como me entristece pensar en esta palabra porque me doy cuenta de que no sé Regalar igual que tampoco recibir regalos.

Recibir regalos está claro que no me corresponde por esa gran frase familiar. Y en el egoísmo, sinceridad y pureza de un niño, me sale la pregunta "y, si a mí nadie me regala nada, yo ¿por qué tengo que regalar?".

Y ciertamente, si yo no puedo pertenecer a ese grupo de afortunados que pueden recibir regalos, ¿por qué tendría que hacerlos?

Seguro que muchos podéis pensar que esto que digo es un poco extremo y que algún regalo habré hecho o habré recibido.

Y, sí, he hecho y recibido regalos y, sin embargo, reconozco que no sé regalar porque siempre espero algo de vuelta cuando yo regalo. Y, además, cuando me regalan algo creo que me lo he ganado de algún modo o, sino, me siento en deuda para compensar y cumplir con la maravillosa frase.

Esto parece muy radical, voy a poner algunos ejemplos para que me podáis comprender, para que podáis explorar si a vosotros os pasa algo de esto que digo y también para ver si yo encuentro algún ejemplo en el que esto no se cumpla y pensar que "se regalar".

Por ejemplo, lo primero que me viene a la cabeza son los regalos de cumpleaños. Si soy muy sincera creo que me los he ganado por nacer y que me corresponden, a menudo también hacemos una fiesta de celebración por lo que estamos compensando de alguna forma los regalos. Hay un motivo que origina el regalo que es el nacimiento o cumpleaños, por tanto, el regalo no es totalmente libre, parece que tiene una causa o un motivo para producirse. Por otro lado, el que regala por un cumpleaños espera, de algún modo, varias cosas:

- Recibir regalos en su cumpleaños
- Que a la otra persona le guste
- Ver feliz a la persona a la que regala
- Que se lo agradezcan
- Quedar bien
- Estar a la altura con el regalo
- A veces, cumplir un presupuesto que uno se ha estipulado para regalos

Todo eso, claro, buscando nuestro bienestar, sentirnos bien por ver al otro feliz, quedar bien, cumplir socialmente y, en definitiva, ser aceptados y valorados.

Si pienso en los regalos de Reyes tampoco son regalos libres o puros por llamarlo de algún modo. Cuando los niños aún no saben que son sus padres los que regalan, ya tienen una condición que es "portarse bien", tienen que hacer algo a cambio de los regalos. Los padres, por su parte, manipulan todo lo que pueden a sus hijos para que pidan o reciban los regalos que ellos creen más convenientes, muchas veces motivados por sus propias ilusiones y añoranzas de cuando eran niños.

Adicionalmente, los padres esperamos a cambio ver felices a nuestros hijos, eso nos reporta tanto bienestar, con frecuencia buscamos sentirnos "buenos padres".

Con los hijos, incluso, o al menos yo, utilizamos los regalos como chantaje para conseguir que ellos hagan cosas, estudien o lo que nos venga mejor. Le llamamos motivar creo.

Yo siempre pienso y digo que me gusta mucho hacer regalos, al menos eso pensaba hasta ahora. Especialmente me gusta hacer regalos inesperados, esos que son porque sí, sin una fecha estipulada socialmente como el cumpleaños o Navidad.

Pues veo que, hasta en esos regalos, buscamos cosas que a nosotros nos reportan bienestar, sorprender a esa persona, alegrarle, dotarle de algo que nosotros pensamos que le va a gustar o que necesita. Tenemos un montón de expectativas y generalmente medimos si nuestras expectativas se han cumplido con su reacción. ¿Estamos preparados para no acertar? ¿Aceptamos que la otra persona nos diga sinceramente lo que piensa de nuestro regalo? ¿No nos parecería grosera esa persona si nos dijese abiertamente que le parece horroroso nuestro regalo o que no le gusta? ¿Nos permitimos decir abiertamente lo que nos parece cuando recibimos un regalo?

Yo, al menos, no. Normalmente queremos ser agradecidos y no ofender a la otra persona. Yo he disimulado y dicho que me gustan cosas que no me gustan. De hecho, no sé si he dicho alguna vez "no me gusta", algo que es en principio sencillo y una posible opción ante un regalo.

En realidad, los regalos, algo que siempre he visto bonito y que creí que me gustaba, veo, al revisar esta frase que es algo que me resulta complicado y me incomoda de algún modo.

También a veces regalar parece algo obligado porque ya se ha instaurado esa costumbre socialmente y no está bien visto no regalar. Nos da mucho vértigo saltarnos las reglas sociales por miedo a ser rechazados, al menos a mí.

Hoy es 23 de Diciembre de 2020 y aquí en España, ayer fue el día de la Lotería de Navidad. Hay mucha tradición con este día y en mi familia se ha generado la costumbre de regalarnos algo de lotería unos a otros. Algunos años yo tenía bastante interés por la lotería y me gustaba, o eso creía, lo de comprar algo de lotería y pasar el número a la familia para compartir con ellos.

Sin embargo, este año no se me ha despertado el interés por la lotería, ni nadie me ha ofrecido lotería con lo cual no he sentido la necesidad de comprar. Pues bien, se me ha generado internamente el conflicto de pensar que me van a regalar lotería y yo no regalaré así que voy a quedar mal.

Para mostrarme ese miedo que hay en mi interior vino mi querida amiga Malena. Un día cuando estábamos juntas me dijo sinceramente: "no me has pasado tu lotería" y yo respondí: "¿qué lotería? No tengo lotería este año". Y divertida y amigablemente conversamos sobre si ella me había pasado una participación que me dio unos días antes esperando que le diese yo lo mismo de otro número mío y sobre mi desinterés este año por la lotería.

Eso me dio pie para pensar que pronto me empezarían a pasar mis hermanos y mi suegro la lotería y que yo no tendría para darles. Me permití explorar todo eso que sentía, el miedo a quedar mal con ellos. Decidí que si había tenido confianza con mi amiga para decir lo que sentía y hacer libremente lo que me apetecía, también podía extenderlo a la familia.

Y así lo he hecho este año, me he dejado regalar la lotería, a pesar de los pensamientos que venían a mí.

Quizás he empezado a salirme del "Nosotros", quizás me apetece empezar a recibir regalos y eso la única que puede transformarlo soy yo, abriéndome a cambiar mis creencias y a atender mis miedos para ver que no tienen sentido.

La frase "a nosotros nadie nos regala nada" internamente también la traduzco, así en global, como que todo nos lo tenemos que ganar con esfuerzo y trabajar duro o dar mucho antes de conseguir las cosas.

Todas estas interpretaciones mías me han limitado. Me limito para que mis interpretaciones se cumplan y cumplir así con el mandato que yo me he creído que transmite esa frase.

Me limito por ejemplo no teniendo suficiente dinero para regalar, siempre tengo que agudizar el ingenio para buscar regalos que creo que gustarán con un presupuesto bajo.

Me limito también en disfrutar plenamente los regalos que recibo porque, a menudo, siento que no los he compensado suficientemente y que, de algún modo, no lo merezco.

Hoy agradezco a esta frase todo lo que me ha aportado, el sentirme dentro de ese "Nosotros" tan acogida y arropada, sabiendo que tengo un grupo, una familia a la que pertenezco.

Le agradezco también la posibilidad que me ha dado de ver que, con cosas pequeñas, de poco presupuesto, detalles "tontos" hechos con amor, las personas somos muy felices.

Que en muchas ocasiones no te hace feliz el regalo en sí sino saber que se han acordado de ti, que han empleado un poquito de su tiempo para elegir tu regalo, que están ahí, que con ese gesto te hacen sentir parte de sus vidas.

Y veo según escribo esto como se está transformando mi sentir hacia los regalos y como si me abro a poder recibir regalos sabiendo que eso no me aleja de mi familia, soy capaz de ignorar la cosa física que representa el regalo y recibir todo el amor que hay detrás de ese regalo y que puede ser enorme, aunque lo represente físicamente una cosa pequeñita o materialmente poco valiosa.

Hoy es un día precioso para mí porque me estoy abriendo y he podido traducir la palabra regalo y darle otro significado.

Al empezar a escribir este capítulo definí regalar como "Dar sin esperar nada a cambio".

Ahora quiero definir regalo como "entrega de amor" y sólo veo eso detrás del regalo y me da igual si detrás hay un deseo de recibir amor también. Es maravilloso abrirse a dar amor y también a recibirlo.

Incluso, quizás si hubiese escrito esto dos días antes, habría corrido a la administración de lotería a comprar unos décimos y los habría compartido con mi familia y con Malena. Y no para cumplir, corresponderles y quedar bien sino para decirles que yo también estoy ahí, que les amo, que les agradezco su gesto y que me siento muy feliz de pertenecer a esta familia y de tener esta amiga.

A veces hay que expresar con gestos lo que no hemos aprendido a expresar con palabras.

Desde hoy amo los regalos, lo que hay detrás de ellos, estoy abierta a recibir regalos y estaré muy atenta para ver todos los regalos que recibo a diario y que por estar cerrada a recibir no veía.

Recibimos regalos continuamente, un gesto, una sonrisa, una ayuda de alguien, una palabra de ánimo, de apoyo, una pregunta, una llamada telefónica, una mala cara, una regañina, …

Detrás de todo eso hay alguien al que le importamos y para el que no somos indiferentes, hay una muestra de amor.

Cuando reciba un regalo físico también seré capaz de ver todo lo que representa y todo lo que hay detrás.

Quizás incluso, si me atrevo, empezaré a poner una frase en todos los regalos que haga: TE AMO. GRACIAS.

3. "Cuando las barbas de tu vecino veas pelar pon las tuyas a remojar".

Hoy he empezado a elegir las frases de manera aleatoria, por sorpresa. Tengo una lista de frases que han ido viniendo a mi cabeza desde que decidí escribir este libro y que, en principio, son las que abordaré. Las dos primeras frases tuve claro que quería empezar con ellas y luego me atasqué. Me costaba decidir con qué frase continuar y pensé "pues voy a jugar y que el azar me traiga la frase, que seguro que es la perfecta en cada momento". Así, hice papelitos con las frases, las enrollé en modo pergamino y las metí en una bolsita de tela.

Hoy es 7 de Enero de 2021, he empezado a sacar papelitos de la bolsa para escribir y ha venido esta frase a mis manos.

No me apetece mucho esta frase. Es por eso, que sé que es importante que la atienda porque la he oído bastante de mi madre cuando era pequeña. Y si no me gusta y no me apetece, es seguro que alguna huella ha dejado en mí.

Voy a ver si me sincero y veo qué huella es esa por si no me es útil así y puedo borrarla o darla otra forma.

Lo primero que veo si me dejo sentir la frase es una sensación incómoda, como de rechazo, siento como que la frase no es para mí porque "las barbas" son de hombres y yo no soy un hombre, y de algún modo me molesta que me la digan y que me la tenga que aplicar. Y con todo esto veo cómo cada cosa que me decía mi madre cuando yo era pequeña me lo tomaba como una gran verdad y como un mandato. Algo que yo interpretaba que era cierto, que tenía que aprender y cumplir de algún modo.

Sin embargo, para esta frase también veo que hay rebeldía en mi interior, bastante tapada, que quiere contestar "yo no tengo barbas". Y es que, en realidad, no quiero tener barbas, no quiero por dos razones, porque "las barbas" son de hombres y porque "las barbas" para mí son cosas malas, desgracias y siento pena según voy repitiendo la palabra "barbas". Y veo que es porque esa frase siempre la escuché refiriéndose a cosas o situaciones negativas y es un modo de decir que te prepares, que cuando veas alguna desgracia te pongas alerta porque a ti te pasará sí o sí y que allanes el camino poniendo tus barbas en remojo. Es como si hubiese que rendirse y no se pueda hacer otra cosa. Eso es, tampoco me gusta lo de "pon las tuyas a remojar", siento en mi interior otra respuesta sin salir "¿Y por qué me va a pasar a mí también?".

Ahora me siento mejor al haber dejado salir esas dos contestaciones ocultas que tenía:

"Yo no tengo barbas"

"¿Y por qué me va a pasar a mí también?"

Es mi niña interior respondiendo a una frase que la incomoda, la da miedo, la parecen cosas importantes, serias y negativas a las que se refiere la frase y no las quiere para ella.

Una vez sacada esa incomodidad y ese miedo puedo entender cómo he estado "en lucha" con mi marido con la barba durante muchos años, al tener asociado en mi interior "barbas = cosas negativas" yo no quería tener barbas en casa. Él quería dejarse barba y yo me oponía.

Y, justo coincidiendo en fechas con el periodo en que me rendí y empecé a soltar el control (descrito en mi primer libro), pude permitir que se dejase barba. Y hemos estado jugando estos casi 4 años con el largo de la barba, más larga o más corta, se la corta él directamente o se la corta el barbero. Incluso se la ha quitado del todo hace poco "se la peló completa" y luego se la ha vuelto a dejar.

Quizás yo no quería tener barbas en casa para no tener cosas negativas, incluso para no tener hombres quizás, y una vez que he admitido tener hombres no quiero que les pelen la barba.

En fin, me empieza a dar ternura ver cómo luchaba yo con algo tan simple como una barba sólo por la interpretación que hice de pequeña, por lo que a mí me transmitía esa frase y por las respuestas rebeldes que no daba y se quedaban en mi interior. En definitiva, esa frase me daba miedo.

Y ahora, con mi edad actual, con mi experiencia y con mi nueva forma de entender la vida puedo dar una nueva interpretación a esa frase. Ahora, sabiendo que todos somos uno y que el otro no existe la veo como algo positivo, algo que me indica que todo lo que vea que le sucede a los demás, ya sea bueno o malo, es información que tiene que ver conmigo de algún modo y que puedo observarlo y, además, utilizarlo para conocerme mejor y para mi evolución.

Me hace gracia ahora y me parece curioso ver cómo he estado tantos años en contra de que mi marido se dejase barba sin saber por qué, sólo decía que no me gustaba.

También os contaré para que veáis como nada pasa por casualidad y no es casualidad que yo saque de la bolsa hoy esta frase, que ayer los Reyes Magos le trajeron a Julián 2 máquinas para cortar la barba. A él ya no le "pelará" nadie la barba, se la arreglará él con una de las máquinas. La otra la cambiará por colonia y perfumado quedará este asunto que me olía tan mal.

Gracias.

4. Como decía el señor de Castellanos … "Estudiar es leer y leer es estudiar".

Esta frase me la decía bastante mi madre. De hecho, me la ha repetido recientemente, hace muy pocos días. El señor de Castellanos era su jefe, el señor de una "casa bien" en la que ella trabajaba como interna en Madrid.

Este señor no era su padre, aunque ella pone el mismo énfasis al decirlo que cuando comienza con "como decía mi padre", así que a mí me llega con la misma intensidad. Como si una frase llena de sabiduría y certeza se tratase.

Ella me contaba como este señor amablemente le decía en la biblioteca de la casa:

- Artura, ¿usted quiere estudiar? Pues ahí tiene los libros, ve esta enciclopedia, puede empezar por la A y leer hasta el final. Estudiar es leer y leer es estudiar.

También me contaba mi madre, unido a esto, que el señor luchaba mucho con su hija Adelaida para que entendiese las cosas, que tenían una pizarra en la que le explicaba y que ella decía con frecuencia que no lo entendía.

A pesar de que mi madre me contaba esto con cariño, a mí me daba mucha pena esta historia porque veía a mi madre como una joven teniendo que vivir alejada de su familia, trabajado, que si quería estudiar tenía que hacerlo cuando tuviese algo de tiempo libre, leyendo sola, sin que nadie le explicase, sin profesor. Además, yo eso lo veía como estudiar sin rumbo, lo veía difícil, me abrumaba lo de pensar el leerse toda una enciclopedia.

También ella cuando me contaba la historia, con frecuencia terminaba diciendo:

- Sí claro, como si fuese tan fácil.

Y yo interpretaba y sentía que ella decía esa frase con profunda pena.

Nunca me había parado a hacer estas reflexiones sobre lo que yo sentía respecto a esta frase. Según lo he ido escribiendo me he dado cuenta de que hice varias asociaciones en mi mente y tomé acciones a lo largo de mi vida con relación a esta frase.

Asocié:

- Estudiar = algo difícil
- Leer = estudiar = algo difícil
- Estudiar sin profesor = algo difícil
- Tengo que estudiar cuando ya tenga las tareas de casa hechas.

Esto último supongo que por solidaridad con mi madre.

Asocié también que es muy importante tener un buen profesor o profesora que te explique todo bien. Mi madre me contaba que el señor de Castellanos era muy bueno y tenía mucha paciencia.

Ahora me estoy dando cuenta de que yo quería también que mi madre tuviese un profesor junto a ella que le explicase con amor y paciencia, que estuviese en el lugar de Adelaida, igual asocié también "profesor = padre", "profesor = guía", "profesor = apoyo", "profesor = protección", incluso "profesor = familia".

Y, así, sin darme cuenta, con todas estas asociaciones mentales que hice, creé yo mi propia historia con relación al estudio.

En general, siempre me he considerado buena estudiante, aunque he estudiado con mucho esfuerzo o lucha interior más bien. Siempre he dicho que, para mí, el profesor era muy importante y que si tenía un buen profesor que explicase bien yo ya tenía el 80% hecho porque apenas tenía que estudiar nada en casa. Ahora ya he visto por qué era tan importante, yo quería estar en la posición de Adelaida y no en la de Artura, igual que lo hubiese querido para mi madre.

Siempre se me han dado mejor las matemáticas que otras materias, ahora veo que es porque tienen menos que leer o estudiar. Siempre decía que me encantaban las matemáticas porque no tenía que estudiar.

"Estudiar = difícil", no lo quiero.

También recuerdo, estando en el colegio, que cuando llegaba la época de exámenes, que era realmente cuando estudiaba, hacía previamente una limpieza general en mi habitación. Siempre pensé que me gustaba que todo estuviese ordenado para concentrarme mejor. Ahora me doy cuenta de que era un reflejo de lo que había en mi interior, de esa pena de saber que si mi madre estaba en aquella casa limpiando, sólo podía estudiar cuando todo estuviese hecho. Así que yo igual, limpiaba todo bien antes de meterme en un periodo de exámenes en el que necesitaría todo el tiempo para estudiar. Era como tranquilizar mi conciencia pensando que todo lo de la limpieza ya estaba hecho.

Mi vida también se ha caracterizado porque he leído muy poco, me refiero a libros en general. Ahora entiendo perfectamente porqué. Asocié "leer = estudiar = difícil" y lo rechazo, no quiero hacerlo.

Cuando llegué a la mayoría de edad empecé a trabajar y, a partir de ahí, estuve una buena etapa trabajando y estudiando, buena forma de solidarizarme con mi madre, teniendo unas circunstancias parecidas a las suyas.

Además, para parecerme aún más, tenía que faltarme el apoyo del padre ese que a ella también le faltaba. Así que, cuando llegó el momento de empezar la universidad mi padre me dijo la gran frase:

- Tú, sólo quieres estudiar para no estar en casa.

Esa frase se me clavó como un puñal. Sentí que mi padre no aprobaba que estudiase, que no me apoyaba, que no quería que estudiase por ser mujer, que sólo quería que estuviese metida en casa para poder hacer las tareas del hogar. Pero, afortunadamente, ya no eran tiempos de eso y creo que, de alguna forma, esa frase también me sirvió de motor para estudiar al tiempo que trabajaba.

Sin embargo, creo que es algo que hasta hoy ha habitado también en mi interior: "si estudio defraudo a mi padre, voy contra él, me puede rechazar". Y eso da miedo y entristece.

Con toda esa trayectoria, cuando hace algo más de 4 años empecé mi transformación personal y pasé por un periodo de no trabajar fuera de casa, me animé otra vez a estudiar. Hace 3 años me matriculé en la UNED (Universidad Nacional de Educación a Distancia) para cursar el Grado en Psicología. Y, a pesar de ser algo voluntario, que hago porque quiero, que me encantan las materias, que tengo tiempo para estudiar, he estado observando que me resultaba complejo:

- No me concentro ("saboteo total").
- Me enredo haciendo cosas de casa y no me siento a estudiar ("tengo que limpiar y cocinar").
- Me parece muy complicado porque tengo que estudiar todo por mi cuenta ("¡No tengo profesor!" "¡Nadie me lo explica!".
- Tengo que estudiar/leer libros gordos ("estudiar = leer = difícil").

Ahora, además, ya trabajo fuera de casa, así que tengo que sumar también esa "dificultad".

En definitiva, hoy veo claro, una lucha interior para reproducir la situación de mi madre:

- Trabajando fuera de casa.
- Limpiando y cocinando, sin tiempo para estudiar.

- Sin profesor que le explique.
- Sin apoyo de su padre.
- Con muchos libros en esa biblioteca pendientes de leer.

Me parece tan entristecedor y divertido a la vez ver cómo nos montamos toda una película a partir de una frase o una historia que nos cuentan cuando somos pequeños. Esta como me la repitió muchas veces se debió reforzar bastante.

Hoy estoy agradecida por haber visto todo esto. A mí me parece maravilloso leer y es algo que me estaba perdiendo por considerarlo difícil. Leer es disfrutar, sumergirte en una historia, aprender cosas y a mí me encanta aprender.

También quiero agradecer la gran frase de mi padre y soltarla ya. No me es útil seguir pensando que mi padre no aprueba que yo estudie. Realmente, ya no tiene sentido, no necesito aprobaciones externas para hacer las cosas, quiero aprender a aprobarme yo. Si no me apruebo yo, difícilmente puedo aprobar y lo que apruebo lo hago con mucho esfuerzo por esa lucha interior.

"Olga, apruebo que estudies, ¡adelante!"

Me gusta estudiar porque me encanta aprender cosas, tengo gran capacidad y de comprensión y aprendizaje, así que creo que en cuanto deje de hacer el tonto y me dé cuenta de que:

- Leer y estudiar es fácil y divertido
- Tengo tiempo para estudiar
- Puedo estudiar sola y, además tengo un equipo de docentes y un tutor a los que consultar cosas.
- Está bien que las mujeres estudien

Voy a disfrutar mucho de estudiar y voy a obtener muy buenos resultados. O quizás, pueda de dejar ya de estudiar y empezar a leer, a disfrutar y aprender leyendo.

Al fin y al cabo, "Estudiar es leer y leer es estudiar".

Ahora puedo decir esa frase en paz …

Gracias.

5. "Poco dura la alegría en casa del pobre".

Observando esta frase y sintiéndola en mi interior, veo que la tengo muy relacionada con el dinero. El significado directo para mí es que, si eres pobre, poco tiempo te van a durar los periodos en los que estés mejor económicamente porque pronto vendrá algo que hará que vuelvas de nuevo a tu "mala" situación económica.

Estoy muy contenta porque, a pesar de ese significado tan potente que tiene para mí esta frase, ya no me entristece escucharla. Ahora siento que no es para mí porque he dejado de considerarme "pobre". Y sé que he tenido colgado ese cartel en mí misma durante muchos años. Sin embargo, gracias a todos los trabajos que he estado haciendo ya no me siento así.

Ahora sé que igual puedo estar pobre en algunos momentos que puedo estar rica en otros y eso no me convierte ni en una cosa ni en otra, ni tampoco me aleja de mi familia, de mis orígenes, ni de mis raíces, en definitiva. No defraudo ni traiciono a nadie si dejo de colgarme ese cartel de "pobre". En algún momento me fue útil porque sentía que lo necesitaba para pertenecer a mi clan y que además era algo casi con lo que se nacía y difícil de cambiar, pero ahora ya lo veo de otro modo. Agradezco la utilidad que tuvo el cartel y me permito quitármelo y hacer una hoguera con él para que quede bendecido y purificado.

Agradezco que me haya venido esta frase porque veo que estoy haciendo un buen trabajo, puedo leerla o escucharla y no me identifico con ella. Además, veo que soy una persona muy alegre, quizás eso es una cualidad que yo he fortalecido gracias a esta frase, para que no me dure poco la alegría he desbordado alegría en muchas ocasiones.

En realidad, tampoco somos alegres o no alegres, la alegría es la expresión de una emoción. Aparentemente es bonita y a la mayoría nos agrada, sin embargo, en muchas ocasiones también se expresa de manera exagerada o falsa para no permitirnos mostrar tristeza que es otra expresión de emociones no tan bien vista. Tendemos a ocultar los estados de tristeza, a tener esta emoción en la sombra, como algo no bueno para nosotros.

Lo aprendemos desde pequeños, nadie quiere vernos tristes, nosotros tampoco queremos ver tristes a otros. Creo que no hay nada peor que rechazar las emociones porque les da más fuerza, es lo que comentaba sobre la sombra en mi primer libro "La Película De Mi Vida". Cuando algo no quieres, lo catalogas de malo para ti y lo tapas, le das mucho poder porque eso crece y se hace fuerte también porque quiere salir de ti y ocupar el lugar que le corresponde.

Creo que tapar la tristeza puede llevar a algunas personas a padecer depresión que, al fin y al cabo, es un estado de tristeza profundo y prolongado. Si no expresas la tristeza y la vas guardando dentro de ti, al final tendrás mucha y eso se verá reflejado.

Animo a normalizar la tristeza, a aprender y enseñar a decir "estoy triste" a observarlo y tratar de ver qué nos entristece para abordarlo si es algo sobre lo que podamos actuar, o simplemente para saber que, si es algo sobre lo que no podemos hacer nada, reconocer que eso nos pone tristes, que está fuera de nuestro alcance cambiarlo y que nos damos un tiempo para aceptarlo y asimilarlo.

Me parece muy útil la tristeza y una emoción muy bonita también que, como acabo de decir, nos puede impulsar a una acción cuando sea necesario y también a ir hacia dentro en otras ocasiones para consolarnos a nosotros mismos, darnos cariñitos y tiempo para asimilar y aceptar algo.

Agradezco nuevamente a la frase de hoy, porque creo que, además de haber podido quitarme el cartel de "pobre", voy a empezar a permitirme expresar abiertamente "estoy triste" cuando así lo sienta. A veces es un poco incómodo porque si lo expresas parece que todos a tu alrededor van a querer saber por qué y dar solución para que salgas de ahí. Sin embargo, no es más que nuestro reflejo, mostrándonos que no queremos el estado de tristeza y lo estamos rechazando.

Creo que puede aportar socialmente si normalizamos la frase "estoy triste" cuando sea así.

A veces eso puede dar pie a explicar por qué estás triste, para explicarlo tienes que pensarlo y sacarlo y, a veces, sólo con eso ya lo ves de otro modo o se te ocurre alguna alternativa y baja la intensidad de nuestra tristeza.

Gracias, no somos "pobres" ni "ricos", no somos "alegres" o "tristes". Simplemente pasamos por diferentes estados a lo largo de nuestras vidas y es importante y bonito saber estar el ellos.

6. "Cada mochuelo a su olivo".

Esta frase nos la dice mi madre sobre todo después de fiestas y reuniones familiares en su casa cuando empezamos a irnos. Es su frase de despedida cuando estamos preparándonos para salir.

Recibo siempre la frase con sabor agridulce. Por un lado, me gusta la frase y me parece graciosa la palabra mochuelo. Por otro me parece que tras esa invitación a que cada uno vaya a su casa, al lugar que le corresponde, hay una cierta nostalgia y tristeza a que hayamos abandonado el nido.

Quizás, si me exploro bien, lo que más me duele es que ella me diga que ese no es mi olivo.

No sé a los demás, pero veo que a mí me pasa que, aunque tenga mi casa y mi familia, no dejo de considerar esa casa de padres como el gran nido al que uno siempre va a pertenecer, donde se ha criado, ha compartido cosas con sus hermanos y ha aprendido tanto.

Esas casas de los padres e incluso las de los abuelos, creo que se sienten como grandes nidos que nos dan cierta seguridad y confort.

Para qué negarlo, me encantan los cuidados de mamá mochuela.

Ahora, 19 de Enero de 2021, estamos en una situación poco común, es la primera vez que paso por ello. Debido al virus COVID-19 estamos sin poder reunirnos todos los mochuelos en el gran nido desde hace más de un año. Lo llevo bastante bien porque saco todo lo bueno y positivo que puedo de esta situación para que me queden los aprendizajes y también lo echo un poco de menos.

En líneas generales, si lo observo, veo que he madurado bastante en estos últimos años y que me encuentro muy a gusto en mi olivo y no tengo grandes nostalgias ni siento necesidad de volver al gran nido.

Gracias mamá mochuela por todas tus enseñanzas, tus cuidados, tu cariño y por reunir a tus mochuelitos cada vez que tienes ocasión. Gracias también por cuidarte ahora en tiempos de COVID como crees que tienes que hacerlo, aunque eso implique no vernos y no abrazarnos. Echo mucho de menos tus abrazos y, a la vez, me gusta ver que por primera vez te das prioridad frente a nosotros. Es un gran indicador de que hemos evolucionado como familia.

Muchas gracias. Te amo mochuela mía.

7. "Hay que estar a las duras y a las maduras".

Esta frase como primeras sensaciones me ha traído obligación (por el "hay") y resignación ("duras y maduras"). Esto me produce un cierto rechazo, quizás es el rechazo el que nos hace vivir situaciones que consideramos "duras" con sufrimiento y pocas herramientas. Creo que en nuestro interior sólo nos apetece estar a las "maduras", que para mí reflejarían situaciones cómodas y placenteras, situaciones que nos apetece vivir.

Sin embargo, la frase nos dice que tenemos que estar también a las "duras", que para mí vendrían a representar esas situaciones que no nos gustan, que nos parecen duras o desagradables.

Ahora, desde mi experiencia actual y mi filosofía de vida me parece una frase muy potente y que encierra un mandato muy pesado.

De entrada, observo que induce a calificar y clasificar las situaciones en "duras" o "maduras", lo que equivaldría a "malas" y "buenas". Esto actualmente me parece un error, un juicio innecesario, las situaciones simplemente "son" o "suceden" y he aprendido a verlas desde varios puntos de vista. Situaciones que antes habría considerado como "duras" y habría vivido con resignación, sufrimiento y, quizás, quejándome, ahora he podido vivirlas sólo como situaciones con información, observando esa información y sabiendo que me trae un aprendizaje porque, en realidad, esa sensación de "duro", de desagradable, no está en la situación en sí sino en mi interior, en lo que esa situación representa para mí y cómo yo la interpreto.

Cuando aprendes a ver así las situaciones te vuelves más creativo, se te ocurren mejores formas de pasar por esa situación y la aprovechas para crecer como persona.

Con todo eso, las situaciones "duras" han pasado a ocupar en mi vida un lugar tan importante y apreciado como las "maduras", se fusionan, no es que tenga que estar a todo por obligación, es que todo está ahí y lo acojo sin rechazo y me aporta mucho para avanzar, así que no necesito hacer diferencias entre bueno o malo, simplemente son situaciones.

También observo que hay situaciones que nos resultan "duras" y nos obligamos a estar en ellas, quizás por cumplir, por esa obligatoriedad que nos hemos impuesto, por quedar bien, por saber estar, en definitiva, para agradar. A veces incluso nos ponemos nosotros en riesgo porque son situaciones que no queremos vivir y nos hacen daño y nos obligamos. A veces incluso tienen repercusión en nuestro bienestar emocional y/o físico.

Pues bien, también he aprendido que podemos elegir, podemos no estar en muchas situaciones que nos incomodan o no nos agradan, elegir qué queremos vivir y qué no. Muchas veces sólo depende de nosotros, de tomar la decisión de hacer algo o no hacerlo, a veces es mejor asumir que no vas a quedar bien que ponerte en peligro y pasar por algo que no te apetece o no estás preparado para vivir de forma saludable.

"APROVECHA CADA SITUACIÓN PARA CRECER COMO PERSONA INCLUSO SI ELIGES NO VIVIRLA"

Quizás me gusta más así la frase, sabiendo que las situaciones simplemente "son", que todas me aportan, que algunas puedo elegir no vivirlas y para las que no puedo elegir y, en principio, no me gustan, en vez de vivirlas con obligación prefiero vivirlas con aceptación, observación y sabiendo que me aportará uno o muchos aprendizajes.

¡Qué bonita la aceptación! ¡Cómo suaviza todo! Cuando empiezas a aceptar, dejas de rechazar y dejas de estar en lucha. He comprobado que esto te da un gran poder y que muchas veces transforma por si solo la situación, la dificultad baja de nivel y te sientes más capaz de afrontarlo.

Para poder aceptar hay que ser humilde y dejar de pensar que nosotros sabemos cómo tienen que ser las cosas y que sabemos lo que es bueno y lo que no para nosotros y para otros. Es bonito soltar el control, dejar de pensar que sé cómo quiero que sean las cosas, reconocer que no sé lo que es mejor para mí ni para otros y abrirme a disfrutar del proceso, dejarme sorprender por las situaciones y estar dispuesta a aprender de ellas .... Disfrutar, sorprenderse, aprender ... quizás al escribir estas palabras me ha parecido que hablaba un niño. Y ... ¿por qué no? Quizás nunca debimos soltar algunas de las cualidades del niño. Sin embargo, están en todos nosotros y podemos conectar con esos recursos nuestros para vivir de manera más saludable.

Gracias.

8. "La esperanza es lo último que se pierde".

ESPERANZA: ilusión, confianza.

Ilusión y confianza son las dos palabras que vienen a mi mente si pienso en el significado que puede tener para mí la palabra Esperanza.

Me parecen bonitos recursos para llevar conmigo en mi trayecto de vida. Esta frase es un regalo de mi madre que me la decía con frecuencia y también otra totalmente relacionada con esta:

"Mientras hay vida, hay esperanza".

Si me parece un buen recurso saber que hay esperanza en mí, con esta frase ya me lo termina de arreglar porque me dice que es una fuente inagotable, que mientras tenga vida sigue habiendo esperanza.

Ahora tengo dos opciones, ponerme a profundizar sobre la vida y la muerte o dejarlo aquí. En este momento elijo dejarlo aquí, quedarme con estos recursos que me gustan para recorrer la vida: Esperanza, ilusión y confianza. Encontraré otro momento para mostrar mis reflexiones sobre la vida y la muerte.

Gracias mami por el recurso ESPERANZA.

9. "No hay mal que por bien no venga".

Para mí esta frase que, igual con visión de niña, resulta un poco incomprensible y encierra resignación, consolarse uno ante situaciones que no le gustan porque ¿cómo me van a venir bien los males?, pudo incitarme a la rebeldía, al yo no lo acepto, no quiero los males ni me vienen bien.

Cuando uno adopta esa actitud vive con sufrimiento y en lucha porque vive pensando que él sabe lo que le viene bien y lo que no. Vive bajo un estricto control, tratando de buscar que las cosas sean como él piensa que tienen que ser, buscando el bien y rechazando el mal.

Ahora, con mi actual formación y mi cambio de filosofía de vida he podido dar otro enfoque a esta frase. Para empezar porque he podido soltar el control de creerme que yo sé cómo tienen que ser las cosas y también he podido dejar de juzgar, por lo que me resulta complicado a veces catalogar las situaciones como buenas o malas.

Ahora más que malas, diría que hay situaciones que a mí no me gustan o me incomodan de algún modo. Sé que cuando eso pasa es porque hay una información que a mí me afecta por algo interno mío y he aprendido a buscarlo para resolverlo y poder avanzar. Y es ahí donde ese "mal" empieza a ser útil, a cobrar sentido, a venir a mi vida para un "bien".

Al no juzgar, también he aprendido a confiar más, a saber que no se nada, a saber que quizás una situación que yo catalogaría de "mala" a la ligera, tiene un sentido más general, para un plan global del que yo desconozco los detalles y del que todos formamos parte.

Esta frase algunas veces mi madre la completaba con la coletilla **"Ni mal que cien años dure"**. A esta parte creo que le tenía una manía especial porque primero el tono, al ser como respuesta a la primera parte, nunca me parecía que fuera tan firme ni convincente. Por otro lado, yo creo que me abrumaba pensar en que algo malo te puede durar cien años, es una cantidad realmente abrumadora para un niño con unos cuantos años de vida.

Ahora puedo comprender mejor lo que posiblemente quiere decir esa frase y veo que es muy cierto porque todo está vivo, todo es cambiante, así que las situaciones van y vienen. No sólo las que consideramos "malas", también las que consideramos "buenas".

Lo mejor para mí ahora es no verlas como "buenas" ni "malas" sino verlas simplemente como situaciones y vivirlas para disfrutarlas y para aprovecharlas y obtener la información necesaria que me hace conocerme y crecer como persona. He comprobado como ante algunas situaciones que no me gustan, si las atiendo rápido y veo la información que me traen para solucionar algo en mi interior, pronto se desvanecen, desaparecen o se transforman. Sólo se quedan el tiempo necesario, el tiempo que nosotros necesitemos para darnos cuenta de su mensaje.

Ahora tengo una frase que quizás represente mejor todo esto:

"Esto también pasará"

Esta frase se refiere a todo, a lo "bueno" y a lo "malo" y nos invita a no apegarnos a las situaciones, a vivirlas y soltarlas, a estar preparados para vivir la siguiente. En definitiva, aceptar las situaciones y soltarlas es estar vivo y, además, vivir.

A veces estamos vivos y no vivimos nuestra vida porque la estamos rechazando a través de nuestros juicios, del esto me gusta y esto no. Y nos quejamos de situaciones sin cambiar nada en nosotros y es ahí cuando nos quedamos atascados porque la situación viene con una misión que nosotros no estamos atendiendo.

Me alegro mucho de estar viviendo mi vida ahora instante a instante sabiendo que todo me aporta y

que todo va y viene. Es bonito ver el movimiento,
es bonito dejarse mecer por la ola.

Gracias.

10. "No está hecha la miel para la boca del asno".

Esta frase me conecta con clasificación de personas, personas merecedoras de cosas buenas y personas no merecedoras. En concreto estas personas parece que por su condición de "asnos" no van a saber apreciar esa "miel".

¿Qué es para mí un asno? Pues nuevamente me sitúo irremediablemente en aquel borrico del comienzo del libro, un animal. Me resulta incómodo catalogar a las personas como asnos. Cada uno de nosotros ha tenido una experiencia de vida, una trayectoria personal con una serie de condiciones a su alrededor. Unos saboreando más miel y otros menos. Sin embargo, veo que en el fondo todos somos iguales, tenemos la misma esencia.

Os imagináis que todos los bebés que nacen en mismo día fuesen llevados a una sala y alguien los tuviese que separar en "asnos" y "no asnos".

Y si fueses tú la persona que separa esos preciosos bebés, en base a qué harías esa selección.

Yo no podría hacer diferencias, me parece tal milagro la vida y tan divinos todos los bebés que sería incapaz de enviar ninguno al equipo de los "asnos".

¿No son todos maravillosos y merecedores de todas las mieles por igual?

¿Por qué nos empeñamos en irnos catalogando después unos a otros?

En fin, no creo que haya personas-asnos. Simplemente hay personas que han pasado por unas determinadas situaciones en su vida y otras que pasan por otras diferentes. Y me parece que todas son merecedoras.

Y ¿qué es para mí la miel?

Para mí la miel es un alimento dulce, con muchas propiedades también. Sin embargo, si miro qué significa para mí en esta frase, significa "cosas dulces", "placeres".

Rápidamente al decir esto me doy cuenta de que al creerme del equipo de los "borricos" me considero "asno" también. Realmente no sé si hay diferencias entre borricos y asnos, lo que sí sé es que en mi cabeza no hay diferencia, yo no podría explicar que es un borrico y un asno diferenciando. También me doy cuenta de que al considerarme "asno" no me permito ciertos placeres.

Recuerdo que, de jovencita, odiaba la miel, me daba asco. Igual era esa mi manera de expresar que no quería ser un asno. O simplemente una solución para que no me importe que la miel no esté hecha para mi boca porque no me gusta.

Luego estando embarazada de mi primer hijo tuve un catarro y como no quería tomar medicinas, me armé de valor y me tomé un vaso de leche caliente con miel. Quizás esa era mi forma de decir que, aunque yo no sea merecedora, mi hijo se merece cualquier cosa.

A partir de ahí, paso a paso, fui reconciliándome con la miel. Y curiosamente, estos últimos días he empezado a tomar medio vasito de leche caliente con miel antes de ir a la cama. Ayer mismo dije: "lo quiero tomar despacito y disfrutando porque esto es un placer". Justo hoy meto la mano en la bolsa de frases y me sale esta.

Me ha encantado ver como tengo asociado que me consideraba asno y, por tanto, no merecedora de placeres.

Me encanta ver también como me he empezado a sentir merecedora de la miel y a disfrutar con ella.

Ahora me queda un trabajo por hacer. Hacer la lista de todas esas cosas que considero placeres y que no me he permitido. Cuando tenga la lista, empezaré a concedérmelos sabiendo que todos somos merecedores de todo.

Por dejaros un ejemplo, según he dicho lo de la lista y placeres, me han venido a la cabeza los masajes. Me parece algo placentero así que nunca me lo he permitido.

En fin, a hacer la lista y a disfrutar.

Gracias.

11. Como decía mi padre … "Zapatero a tus zapatos".

Esta es otra de las frases que mi madre precedía de "como decía mi padre".

¡Qué importante para nosotros lo que dicen nuestros padres y abuelos!

Y los abuelos más, parece que tienen muchísima sabiduría acumulada en sus arrugas, en sus sonrisas tiernas y sus manos. Y, así es en parte por todo lo vivido.

El caso es que con estas maravillosas frases no siempre consiguen transmitir lo que quieren porque a los niños quizás les falta experiencia y sabiduría para poder interpretar esas enormes frases.

A mí esta frase me angustia un poco, yo la interpreto como que cada uno se dedique a lo suyo y no se salga de ahí. De algún modo a mí me parece que quiere decir que si eres zapatero te dediques a hacer zapatos y no hagas otras cosas y que no opines de lo que no eres.

¿Y cómo se decide si eres zapatero u otra cosa?

Supongo que por lo que estudias o por los trabajos que has hecho. Más por los trabajos quizás, porque para mí no eres algo hasta que no lo has experimentado y puesto en práctica.

Pero, en realidad ¿somos zapateros? o ¿ejercemos de zapateros?

Para mí que sólo ejercemos de zapateros. Sin embargo, solemos decir "soy tal o cual cosa", nos identificamos con eso y para mí es una forma de limitarnos.

Incluso es una presión cuando eres niño y te preguntan ¿qué quieres ser de mayor?

¡Persona! Diría yo ahora. Y problema resuelto porque ya lo eres.

Otra cosa bien distinta sería si te preguntaran ¿a qué te quieres dedicar cuando seas mayor? ¿qué quieres aprender? ¿qué temas te gustan más? ¿en qué crees que eres bueno y qué te haría feliz si trabajases en ello? Y quizás sería más fácil ir eligiendo.

Yo creo que no tenía ni idea de que quería ser de mayor y menos si eso tenía tanto peso, que si era zapatera sólo podría hacer zapatos.

A mí me encanta aprender cosas, creo que soy aprendiz, pero no de una cosa o un oficio en particular. Aprendiz de todo lo que me surja o me vaya llamando la atención en cada momento.

La frase me parece limitante así que igual para mí esa frase ha sido una motivación. Una motivación para no ser nada en concreto y poder ser muchas cosas o poder dedicarme a lo que quiera y a lo que me surja en cada momento y que pueda aprender.

Una vez más, vemos que no es tan importante lo que nos dicen sino la interpretación que nosotros hacemos de eso y qué hacemos con ello.

Estoy agradecida por no ser nada y serlo todo, con mi inocencia, mi capacidad de aprendizaje y mi ilusión por hacer cosas nuevas.

Gracias.

12. "Se cree el ombligo del mundo".

Este es un juicio que se hace sobre personas que nos parece que se están dando importancia o queriendo captar mucha atención.

¿Qué nos molesta en realidad? ¿Que ellos capten atención o no tenerla nosotros?

Cada día más, me doy cuenta de que estoy programada para vivir en competencia. De hecho, es el sentimiento que estoy evolucionando ahora. Nos produce un gran miedo vivir en competencia.

Creo que vivimos en competencia constante, por todo. En ese afán de hacer bien las cosas, de gustar, de quedar bien, de que nos quieran, parece que hay que ganar la carrera, ser el primero. Es como si las cosas fuesen limitadas, como que si quieren a los demás no quedará suficiente amor para mí.

Creo que es por eso por lo que decimos esta frase, porque al ver a alguien siendo el centro de atención nos entra tal envidia queriendo ocupar ese lugar que no lo soportamos y por eso le criticamos diciendo "se cree el ombligo del mundo".

Quiero aprovechar esta reflexión para ver de dónde me viene a mí ese sentimiento de competencia. Veo que ese sentimiento lo tengo normalmente con aquellos que de algún modo considero "mis iguales". No experimento ese sentimiento con los que coloco "por encima" o "por debajo" de mí.

Es como si esos al tener lugares diferentes no me afectan, tenemos intereses distintos.

Explicando todo esto veo claramente que mi sentimiento de competencia viene claramente de competir con mis hermanos cuando yo era pequeña. Competir por todo, competir por el amor de papá y de mamá principalmente.

Si me fijo en competir con mis hermanos por el amor de papá me parece una ardua labor porque siempre tuve el sentimiento de que se valoraba diferente a hombres y mujeres, ellos eran más importantes de algún modo y tenían preferencia en muchas cosas. Yo tenía tres hermanos chicos así que me convertí en una luchadora competidora para estar al nivel.

Si me fijo en competir por el amor de mamá, ardua labor también porque es una persona muy atareada y con cuatro hijos que atender todos con edades cercanas y necesitados de sus cuidados.

No me di cuenta en ese momento de que ser chica también me daba un lugar diferente y que ellos me querían por ser quien era, independientemente de si mi madre me cogía más o menos veces y también si mi padre hacía más o menos comentarios sobre las mujeres. Él los hacía sobre las mujeres en general y yo me lo tomaba como si fuese algo particular contra mí.

A la vez y posiblemente a modo de defensa, mi madre hacía también bastantes comentarios en contra de los hombres y en favor de las mujeres.

Creo que veo claro de dónde me viene ese espíritu de competencia que hoy en día me resulta incómodo.

No me siento feliz cuando me siento en competencia, me siento en peligro, siento miedo porque se abre la posibilidad de poder perder. Cuando uno compite solo quiere ganar o como mucho empatar.

Ahora si vuelvo a la frase me parece chula y divertida.

El ombligo es eso que se nos forma al cortar el cordón umbilical, el punto por el que estamos unidos a mamá, por el que recibimos el alimento y del que depende nuestra supervivencia.

Ciertamente me parece un lugar importante el ombligo. Y todos queremos ocupar un buen lugar y sentirnos importantes de un modo u otro.

Hoy me concedo "ser el ombligo del mundo", me concedo ese lugar importante desde el que poder dar lo mejor de mí. Sabiendo también que todos somos ombligos y que es más enriquecedor y divertido hacer cosas con otros ombligos que hacerlas sólo y en competencia.

Gracias.

13. "Se te va a caer el pelo".

Esta frase que quizás no la incluiría en dichos populares y que actualmente no la digo ni la escucho, quiero explorarla porque era muy utilizada en casa cuando yo era pequeña y ha venido a mi recuerdo ahora que muevo frases.

Todo lo que está ahí y forma parte de nosotros merece ser atendido y revisado para ver el efecto que nos causa y si es apropiado para nosotros en este momento.

La frasecita era una amenaza que utilizábamos incluso entre hermanos y nos la decíamos unos a otros cuando alguno hacía algo que "no estaba bien".

Si conecto con la frase y con cuando la escuchaba, noto como mi estómago se incomoda. En realidad, es miedo, miedo a las consecuencias de mis actos.

Miedo a cómo pueden reaccionar los superiores (los padres cuando eres pequeño) ante tus acciones "no correctas" y ante tus "fallos" en general, porque esa frase bien podíamos decirla simplemente porque a alguno se le cayese algo y lo rompiese.

Cualquier cosa, como niños, nos parecía grave y merecedora de la amenaza.

Lo que estoy observando es que tengo miedo a fallar y a hacer cosas que no gusten. Creo que eso va a tener consecuencias, que seré castigada, que los padres o quizás los jefes hoy en día, se enfadarán muchísimo y tomarán algún tipo de acción sobre mí.

Veo que es incómodo enfocar así nuestros posibles errores, me incomoda mucho y es poco efectivo como adulto. Además, veo que quizás para poder atender a estas sensaciones, las estoy provocando inconscientemente de vez en cuando.

Nos hacemos jueces de nosotros mismos, nos exigimos no fallar por ese miedo a las consecuencias y también nos hacemos exigentes con los demás para "protegerles", para que ellos tampoco tengan consecuencias o quizás para que los padres/jefes no se enfaden, porque si se enfadan con ellos, están enfadados y algo nos puede salpicar a nosotros.

Así que el miedo crece, ahora tenemos miedo por lo que hacemos mal nosotros y por lo que hacen mal los demás.

Y en cuanto al pelo, creo que, sin darme cuenta, de manera inconsciente también hago cosas, yo tengo mucho pelo y siempre me dicen en las peluquerías que tengo un pelo muy bueno, que es fino pero que tengo mucho. Supongo que tener mucho pelo es una buena solución para "se te va a caer el pelo". Porque teniendo mucho, aunque se me caiga una parte no se notará tanto. Un hombre calvo está más asumido o mejor visto, sin embargo, una mujer calva me parece más dramático porque es menos habitual.

Pero como la información siempre está ahí para que la atiendas, aunque yo tengo mucho pelo y fuerte, a mi alrededor hay varias personas que me hablan de cuanto se les cae el pelo y que tienen que hacer tratamientos específicos para el pelo. Todo esto para que yo pueda ver que en mi interior hay un miedo asociado a la pérdida de pelo.

En fin, muy curioso y divertido ver cómo se nos quedan ahí grabados esos aprendizajes de pequeños. Un miedo a algo no deja de ser un aprendizaje más. Es bonito poder desaprender algo y aprenderlo de otro modo que nos sea más útil.

Creo que mi aprendizaje ahora es aceptar mis errores, aceptar que puedo cometer fallos, aceptar que cuando eso suceda en vez de tener miedo puedo hacerme responsable, buscar una solución e incluso pedir ayuda para solucionarlo si yo sola no puedo.

También estaré atenta y en esas épocas en las que se me cae más el pelo me preguntaré con cariño, ¿qué miedo tienes ahora? ¿En qué crees que estás fallando? ¿Qué consecuencias piensas que puede tener?

Normalmente no tenemos miedo a cosas reales sino a "consecuencias" o "acciones de otros" inventadas en nuestra imaginación antes de que sucedan y sin saber si sucederán así o no.

Es importante ir viendo paso a paso nuestros miedos que en muchas ocasiones nos paralizan limitándonos bastante.

En ocasiones no hacemos cosas por miedo a fallar y nos perdemos la oportunidad de hacer algo que nos gustaría e incluso en lo que podríamos llegar a ser buenos.

Es importante fallar para aprender.

Agradecida por esta nueva reflexión, que sin duda me permitirá estar más relajada y ser más flexible conmigo misma y con los demás.

Gracias.

14. "El que no está acostumbrado a bragas, hasta las costuras le hacen llagas".

Esta frase es de mi madrina Mari, no recuerdo si ella la precedía de "como decía mi madre …", lo que si recuerdo bien es que la escuché unas cuantas veces tanto de ella directamente como de mi madre que decía "como dice Mari …".

Para mí era muy importante también lo que decía Mari porque además de ser mi madrina, teníamos mucha relación con ella. Mari decía todo muy seria, como si albergase gran sabiduría dentro de ella o grandes verdades.

Esta frase me produce cierta pena porque es como cerrar una puerta a la esperanza, como encasillar a las personas en su condición social y económica y asegurar que eso les ha marcado tanto, que hay cosas que no son para ellos y que, aunque llegase el momento en que pudiesen tenerlas, lejos de disfrutarlas podrían hasta hacerles daño.

Me lleva esto a pensar que construimos en nuestra mente un modelo de lo que creemos que es para nosotros y lo que no porque se excede a nuestro nivel y condición. Y eso nos lo creemos de tal modo que lo ejecutamos sin plantearnos siquiera experimentar o ver qué pasa si probamos a tener o a hacer eso que hemos determinado que no es para nosotros. Porque creo que la limitación, al menos a mí, me afecta tanto a tener ciertas cosas como a hacer ciertas cosas. Creo que realmente esta limitación me está empobreciendo, en el sentido de que si no pruebo a tener o hacer ciertas cosas porque creo que no son para mí, nunca sabré realmente si me gustan o no y si me vienen bien o no.

Otro trabajo se me acaba de generar, identificar todas esas cosas que creo que no son de "mi nivel" y permitirme paso a paso comprobarlo. Poner en duda al menos si son para mí o no, probar con algunas de ellas para ver cómo me siento, igual descubro algunas que me gustan.

Me parece realmente una pena que nos cataloguemos entre nosotros, que juguemos a separarnos por clases sociales creyendo que unos merecen unas cosas y una forma de vida y otros otra. A menudo nos criticamos unos a otros, quizás por envidia.

Siento que somos todos iguales, con la misma esencia, que formamos parte de un todo, que no hay separación, que es una ilusión esa clasificación absurda que hacemos, que todos somos igual de merecedores, que el papel que representas no tiene porqué ser el mismo para toda la vida, que se puede ir eligiendo y representar distintos papeles y da igual.

Creo que estamos muy atascados representando ese papel que creemos que nos ha tocado vivir. Seguro que habrá muchas personas que por haber nacido en ese entorno en el que "se usan bragas" también se sienten atrapadas pensando que hay cosas que no pueden hacer por no ser de su nivel y haciendo muchas otras que no les gustan para mantener ese nivel que les ha tocado y del que se supone que no deben bajar.

Se que no me resultará fácil romper el molde mental que he creado acerca de mi nivel, de lo que es para mí y de lo que no, de lo que me puedo permitir y lo que no. No me resultará fácil porque es un modelo que he aplicado ya durante muchos años y tengo muy reforzado, pero voy a observarme, observaré mis pensamientos y haré modificaciones que, sin duda, serán útiles para ir saliendo de mi molde.

Esta semana ya tengo cita para darme un masaje, uno de esos placeres que yo no me permitía nunca y que detecté con la frase "no está hecha la miel para la boca del asno".

No quiero cerrar esta frase sin identificar, al menos una cosa que considero que no es para mí por no ser de mi nivel y que en el fondo la desee.

Quizás un título universitario. Un día empecé a estudiar en la universidad y lo dejé con algunas excusas como que estaba trabajando, que no era exactamente lo que yo quería estudiar y demás. Realicé muchos estudios con éxito pero que no eran de ese "nivel superior". Ahora he vuelto a estudiar en la universidad y aunque me encanta lo que estudio, no tengo presión de tiempo y puedo hacerlo a mi ritmo, veo que me lo estoy complicando, me saboteo de algún modo, hago que me resulte incómodo y pienso de vez en cuando en dejarlo. Creo que en fondo me digo que eso no es para mí.

¿Y por qué no? ¿Por qué no va a ser para mí?

No encuentro ninguna respuesta válida para esas preguntas, así que asunto resuelto. Si es para mí y puedo hacerlo si me apetece.

Gracias.

15. Como decía mi padre … "El que no vale para comer, no vale para trabajar".

Hoy es 22 de Febrero de 2021. Hemos amanecido con una preciosa nevada. Todo está blanco, las ramas de los árboles y las plantas sujetan gran cantidad de nieve. Me da mucha paz el paisaje nevado. También amo la nieve porque genera un silencio especial. Es como si ella fuese capaz de absorber todo el ruido innecesario y crear ese maravilloso silencio que hace de camino perfecto y nos lleva a la calma y a la paz interior.

Ahora sigue nevando, nieve fina, suave y abundante a la vez, que cae con ritmo armónico.

Bonita estampa y relajante para escribir. Me siento muy afortunada.

Pues bien, voy a ver si exploro un poco en mi interior y veo qué interpretaciones he hecho de esta maravillosa frase y cómo me afecta el tema de la comida o cómo lo relaciono con el trabajo.

Si alguien me preguntase ¿qué relación tiene para ti la comida con el trabajo? Quizás respondería rápidamente que es necesario tener trabajo para poder ganar dinero con el que comprar comida.

Sin embargo, no es esto lo que dice la frase, así que seguro que tengo más información en mi interior acerca de esto. Sobre todo, porque esta es otra de las frases que mi madre precedía de ese maravilloso "como decía mi padre" que ha dado título al libro. En su entonación yo interpretaba una gran admiración por su padre y certeza absoluta. Era como dejar salir esa gran sabiduría que poseía mi abuelo.

Así que, lo que tengo claro es que me lo creía 100%. Pero ¿qué interpreté con esta frase?

Primero veré qué significa para mí "valer para comer". Para mí "valer para comer" significa comer bien, comer cantidad, comer con ganas y comer de todo. En mi casa todos hemos comido bien siempre, éramos cuatro hermanos y todos comíamos con ganas y prácticamente de todo. No recuerdo peleas para que comiésemos, si acaso todo lo contrario. En algún momento alguien se pudo quejar de que a otro le habían echado más de algo que nos gustase mucho. Aunque mi madre era bastante controlada en eso, cocinaba de tal modo que no sobrase comida y repartía entre todos de la manera más equitativa posible. Luego con mis hijos yo apliqué los mismos criterios, enseñarles a comer de todo, a comer con gusto, a comer cantidad y a repartir la comida con los que tienes a tu alrededor.

Comer bien a mí me parece un signo de salud y fortaleza, por eso es importante para mí.

Por tanto, creo que "no valer para comer" lo interpreto de algún modo como "ser un flojo", quizás alguien poco sano, sin fuerza ni energías.

Salud y fortaleza son también dos cualidades que veo necesarias para trabajar bien.

¿Qué significa para mí no valer para trabajar?

Pues creo que básicamente, así sin rodeos, para mí significa ser un vago.

Esa es una de las cosas que aprendemos que no hay que ser, es malo ser un vago, así que eso es lo que he metido en mi sombra seguro. Y eso pesa porque en ocasiones me he descubierto inquieta y nerviosa cuando estoy sin hacer nada, es como si no pudiese dejar de hacer cosas. Me he observado y me he dado cuenta de que, incluso, me cuesta mucho trabajo estar viendo una película sin hacer otra cosa. A veces he hecho punto o aprovechado para coser algo mientras veía la televisión. Otras veces incluso lo combino con jugar a algún juego en el móvil. En definitiva, hacer algún hobby que en el fondo no deja de ser un <u>trabajo</u> manual.

Me estoy dando cuenta de que si no hago nada, no estoy haciendo algún trabajo, aunque sea manual o sentada, soy una vaga. Eso es lo que yo he asociado así a la rápida, con inocencia. O estoy trabajando o soy una vaga. Yo no quiero ser una vaga, que eso es algo muy malo, según mi interpretación, para mi madre y para mi abuelo. Así que la solución es no parar nunca. Hacer cosas todo el tiempo para no ser vago.

Y, además, la frase tiene otro efecto, cuando no estoy trabajando parece que tengo que estar comiendo. Esa sería una acción válida porque me estaría preparando de algún modo para trabajar, cogiendo fuerzas.

Quizás por eso cuando estamos ociosos nos dan más ganas de comer, aunque frecuentemente yo no sé qué comer porque no tengo hambre en realidad. ¿Será que quiero comer para ver si me entran ganas de hacer algo, como si la comida me fuese a impulsar para trabajar? O quizás si no estoy "valiendo para trabajar" en ese momento, al menos tengo que "valer para comer" ...

Muy divertido, una buena rueda que no sé dónde tiene el principio ni el fin.

Ahora soy capaz de reconocer que es bonito trabajar, hacer cosas, aportar y que también es maravilloso descansar, relajarse, disfrutar, estar conmigo misma sin hacer nada, solo sintiéndome y gozando de mi existencia.

También puedo ver que es muy agradable comer, comer cosas que me gusten, que me aporten energía, que mantengan mi cuerpo y mi mente en condiciones óptimas tanto para trabajar como para otras muchas cosas, como estudiar, bailar, disfrutar, hacer ejercicio y también para descansar.

Es muy enriquecedor poder buscar el equilibrio en todo y no posicionarte, no juzgar nada como bueno o malo para poder movernos con flexibilidad entre las dos polaridades utilizando lo que nos sea más útil en cada momento. Amo mi parte trabajadora y amo mi parte vaga, las mezclo y las amaso para crear así la mejor versión de mí misma.

Gracias.

16. "Madre, que me mira el toro … pues no le mires tú a él".

Nada más escribir esta frase ha venido a mi cabeza otra que quizás sea opuesta y que quizás tenga relación con esta, al menos en mi interior y quizás por eso ha venido y la revisaré hoy también.

"Valor y al toro"

La primera frase me la contaba siempre mi madre a modo de historia, no recuerdo de que niña me hablaba, que le decía a su madre con miedo y voz ñoña "maaadreee, que me mira el toro" y la madre la respondía "pues no le mires tú a él".

Realmente, ¿el toro miraba a la niña? O quizás miraba en esa dirección y ella se lo tomaba como si fuera la mirada para ella.

¿Cuántas veces nos tomamos las cosas como si fuesen algo personal de los otros contra nosotros y nos hacemos daño por esa interpretación?

Yo me tomo muchas cosas así. ¿Para qué nos tomamos las cosas de modo personal? ¿Para darnos importancia? ¿Para atacarnos a través de los otros? ¿Para atacar a los otros y sentirnos justificados?

Quizás tenemos la idea de que hay que hacer cosas por los demás y por eso creemos también que los demás van a hacer las cosas por nosotros.

No lo sé, pero me parece un juego bastante dañino el ofendernos por cosas que hacen otras personas tomándolo como algo contra nosotros, como un ataque. En realidad, no es real, no es que el toro nos esté atacando, es solamente que nosotros hemos interpretado que la mirada del toro es para nosotros y nos lo tomamos como una amenaza.

Quizás la niña tiene miedo al toro y, sin embargo, no lo expresa claramente. Quizás la frase sería "madre me da miedo el toro". No estamos acostumbrados a identificar y atender nuestro miedo y eso nos hace muy limitados.

Si yo digo "madre que me mira el toro" y me lo creo, realmente parece que no hay nada que yo pueda hacer, he puesto todo el poder fuera, en el toro. ¿Qué podría hacer yo para que el toro deje de mirarme? Parece que nada.

Sin embargo, si yo identificase mi miedo y dijese "madre me da miedo el toro", estoy asumiendo mi miedo y estoy tomando el control. Al aceptarlo, tomo la responsabilidad y puedo hacer cosas con ello. Una vez que me responsabilizo yo, ya no dependo del toro. Dejo de esperar que cambie el toro y haga cosas distintas, como no mirarme. Y puedo tomar acción yo, por ejemplo, irme donde no haya toro. Porque realmente si yo tengo miedo al toro no sé si realmente va a tranquilizarme no mirarle, pensando que él me está mirando a mí y sintiendo que eso puede significar un ataque.

Esto nos pasa en muchas situaciones de la vida, creemos que otros nos pueden atacar y que, además, son ellos los que tienen que cambiar e incluso, a veces, nos permitimos nosotros atacarles como defensa ante eso que no es real.

Actualmente yo estoy aprendiendo a identificar mis miedos, a responsabilizarme de ellos, a elegir si puedo hacer las cosas con ese miedo, que generalmente no es real y que simplemente por aceptarlo ya baja de intensidad. También puedo elegir ponerme a salvo, dejar de vivir esas situaciones que me dan miedo mientras no me sienta preparada para afrontarlo. Aunque también sabiendo que, si no lo atiendo, no pararán de producírseme situaciones similares en la vida en las que yo tendré la oportunidad una y otra vez de ver mi miedo, aceptarlo, transformarlo y ponerme en paz con él.

¿Y la frase "Valor y al toro"?

Con ella siempre he entendido, que si tienes un problema hay que afrontarlo, hay que mirarlo de frente e ir a por él.

Sin embargo, ahora la vida me ha enseñado que también es muy útil esperar.

A veces no sabemos cómo tenemos que resolver las cosas y es bueno esperar. Simplemente identificando que tenemos un problema, que eso nos causa un miedo y, además, reconociendo que no sabemos cómo afrontarlo, que no sabemos cuál es la mejor solución y que no sabemos qué tenemos que hacer es suficiente. Si reconocemos todo eso con humildad y nos abrimos a recibir ayuda, esa ayuda llega, la solución aparece, alguien nos la da o nos llega a nosotros a modo de inspiración.

Aunque no lo creamos, hemos hecho muchas cosas con esa acción nuestra de "no hacer nada". Primero hemos aceptado una situación que está ahí, que está pasando (el toro), además hemos aceptado que nos da miedo, con lo que nos hemos responsabilizado, y finalmente hemos aceptado que no sabemos cuál es la solución, nos hemos abierto a que puedan existir múltiples soluciones e incluso alguna perfecta que nunca se nos habría ocurrido a nosotros al buscarla desde el miedo.

Para mí es muy liberador ahora poder decir "tengo miedo" y también poder decir "no sé", no sé cómo solucionarlo, no sé qué tengo que hacer con esto y permitirme esperar. Esperar observando atenta toda la información que rodea esa situación que me da miedo y sin juzgarla. Esa es la única manera de no luchar, de no ir hacia el toro a enfrentar una batalla que generalmente no es real o no va directamente conmigo ni es algo personal.

Qué bonito poder mirar el toro y ver que tengo miedo, aceptarlo y respirar. Saber que el miedo es mío, que posiblemente ni siquiera es real porque si yo no ataco a ese toro él nunca me atacará a mí. Que puedo quedarme quita y esperar que se vaya o darle las gracias por nuestro encuentro e irme yo con mi miedo a otra parte y dejarle tranquilo.

Como los años que he estado jugando a "no tener miedo" son muchos porque ese es el mensaje que hemos recibido desde pequeños, ahora no siempre identifico ante algo que me molesta que estoy experimentando un miedo mío. Lo que sí tengo claro es que todo se puede aprender y que, igual que en su día aprendí a ocultar los miedos porque no estaba bien visto tenerlos, ahora aprendo a buscarlos en mí, a aceptarlos y así puedo gestionarlos de otro modo.

Y como todo, con práctica, cada vez aprendes más y más y resulta más sencillo.

Gracias por estas dos frases lindas de los toros que nos dan la oportunidad de reflexionar y ver cómo <u>enfrentamos</u> cada uno nuestros "problemas" o quizás a estas alturas ya sería mejor decir cómo <u>afrontamos</u> cada uno nuestros <u>miedos</u>.

Gracias.

17. "Más vale Pájaro en mano que ciento volando".

Sólo escribir esta frase me produce un poco de ansiedad expresada con algo de presión en el pecho. Siento que me angustia. Veo que me la he tomado demasiado en serio.

Mientras un pájaro es maravillosamente libre, yo siento que esta frase me enjaula, me priva de mi libertad de soñar, de tener ilusión por grandes cosas, de disfrutar pensando que pueden ser para mí y que un día pueden llegar.

Esta frase encierra cosas muy potentes para mí:

- Comparativa entre lo pequeño y lo grande (1 pájaro frente a ciento)
- Elección (una cosa o la otra)
- Palabra pájaro
- Individualidad frente a grupo (1 o ciento)
- Escasez y abundancia (1 o ciento)
- Lo seguro y lo incierto (en la mano o volando)

Veo que por creerme esta frase y hacerla una filosofía de vida me he equivocado.

Para mí un pájaro es algo maravilloso, valioso en sí mismo por pequeño que sea, muy potente, con mucha capacidad porque puede volar muy alto y es muy ágil, rápido y ligero. Es libre, puede tener un lindo canto, sabe buscar su comida, planear, dejarse mecer por el viento. Algunos tienen preciosos colores, aunque hasta los pequeñitos totalmente grises me parecen divinos con el aleteo de sus alas que, para mí, es también signo de alegría y felicidad.

Si pienso en cien pájaros me viene una imagen muy diferente a la que me produce el pájaro en solitario. Los cien pájaros me representan un gran grupo, bien organizado, en armonía, moviéndose todos juntos, como un gran ballet bailando una canción, todos con movimientos armónicos y perfectamente sincronizados. Alegría y disfrute en grupo. Cooperación.

Pues si os dais cuenta, todo son cosas maravillosas las que yo veo tanto en un pajarillo en solitario como en 100 pájaros juntos.

Y, sin embargo, con esta frase yo no elijo ni una cosa ni la otra. He adoptado como lo mejor, como mi forma de vida, apostar por "pájaro en mano".

¿Qué es para mí pájaro en mano?

Algo que, aparentemente, ya tengo seguro. Sin embargo, si siento que es para mí pájaro en mano es algo pequeño, triste, sin vida, limitado.

Realmente, siempre añoro grandes viajes, conocer muchos sitios, otras culturas, amo la naturaleza, la libertad, siempre añoré bailar integrada en un ballet, no me permito soñar, aunque me encantaría. Y cuando me surge la inspiración, el impulso de soñar, rápido lo aterrizo y busco el pájaro en mano. De alguna forma me digo que esos grandes sueños no son para mí.

Me parece muy triste y pobre buscar esa "seguridad" pequeña, triste, sin vida y limitada. Sin embargo, hasta ahora yo lo he hecho pensando que eso era lo mejor.

"Más vale", así comienza la frase, no deja lugar a dudas, es eso lo que hay que elegir.

Pues bien, hoy 5 de Marzo de 2021, que soy capaz de reconocer que me he equivocado creyéndome esta frase e incluso transmitiéndola yo también algunas veces, elijo de nuevo.

Elijo no elegir, no elegir entre lo pequeño y lo grande, no tenerme que posicionar y quedarme con una de las 2 opciones creyendo que es la buena. Elijo la amplitud, lo pequeño, lo mediano y lo grande. Me quedo con todo porque todo me es útil en algún momento. Puedo soñar, pensar en grande y optar a lo mejor. Puedo sentirme pájaro, puedo volar alto, ser rápida y ligera. Puedo ser libre, cantar, mantenerme por mí misma buscando mi propia comida, puedo planear, dejarme mecer por el viento, dejarme llevar por la ilusión. Puedo sentirme alegre y feliz.

También puedo sentirme parte de 100 pájaros, puedo disfrutar del trabajo en equipo, de compartir, de pertenecer a un gran grupo, de disfrutar y formar parte de una buena organización y de estar en armonía.

Una vez más me abro a no tener que elegir, poder compatibilizar mi individualidad como pájaro con mi pertenencia a un grupo y disfrutar de las posibilidades y ventajas que me da todo. Y también de aportar lo mejor de mí tanto a nivel individual como a nivel grupal.

Y elijo la abundancia siempre porque a mí un pájaro no me parece escaso siempre que no esté en la mano. Así que renuncio a esa falsa seguridad que sólo me transmite pequeñez, tristeza, falta de vida y limitación. Y con esto me sale la nueva frase:

"Igual vale un pájaro o ciento en libertad"

Libertad y respeto, dos valores que me gustan en esta frase. Libertad para elegir, respeto por la individualidad y respeto por el grupo. Confianza, un valor que nace cuando suelto el miedo y dejo de buscar "lo seguro".

Armonía y equilibrio, poder valorar y disfrutar tanto de unas situaciones como de otras, de la individualidad y de la interacción en grupo. De lo grande y de lo pequeño.

Y todo esto que parece tan abstracto, os diré que nos afecta en cosas muy concretas de nuestra vida. Por ejemplo, para mí, esta frase tiene mucha relación con lo económico y al tomarla como punto de referencia, he elegido siempre trabajos fijos ("seguros") en empresas con salario limitado ("escaso = 1 pájaro"). También me he sentido como enjaulada ("pájaro en mano"), he sentido que esos trabajos me quitaban mucho tiempo para hacer cosas que me apetecían, normal, pájaro en mano no puede volar ni está libre. He preferido que sean otros los que dirijan, creo que nunca cogí la posición del que tiene el pájaro en la mano, sino que cogí la posición de pájaro en la mano de alguien.

No me siento bien teniendo un pájaro en mi mano, me parece muy descompensado porque si quiero verlo como algo seguro, hay que agarrar al pájaro y privarlo de libertad. Ahora creo que podría coger la posición del que sujeta el pájaro con una mano abierta y amplia, dejando que el pájaro esté ahí posado, sosteniéndolo porque a él le apetece estar ahí, incluso porque quizás está comiendo de mi mano y puedo mirarle, verle libre, con cariño y saber que no estará ahí todo el día, ni para siempre, sino que puede volar cuando quiera.

Y ver eso así y salir de mi posición de pájaro agarrado para pasar a posición de pájaro libre posado en mano abierta e incluso de sujetadora de pájaros veo que me da la posibilidad de tener una relación muy diferente con el mundo laboral. Podría colaborar en cualquier empresa y sentirme libre y también ser una gran empresaria y sostener pajarillos, obtener los mejores resultados aspirando "al ciento" aunque no sea seguro. Nada de lo más grande y maravilloso del planeta es seguro, no sabemos el tiempo que hará mañana, ni tampoco el tamaño exacto de una ola, ni la velocidad del viento, y todo eso y muchas cosas más son preciosas y se disfrutan así tal como son, con su incertidumbre y son realmente majestuosas.

Al describir la imagen de cómo me transformo de pajarillo agarrado a persona que sujeta el pájaro con mano extendida, amplia y con amor, he sentido también crecer en mí la generosidad. Ha sido un reflejo de esa expansión de pasar de un puño, una mano cerrada, que quiere algo seguro por pequeño que sea, con miedo, miedo constante a que se escape el pájaro si abro el puño a una mano amplia, amorosa, que sirve de soporte aun sabiendo que el pájaro puede volar en cualquier momento.

Me lleno de amor cuando dejo crecer en mí esa generosidad. Siento que me relajo, que no necesito estar en tensión, no necesito agarrar el pájaro, ni sujetarlo para que no se vaya, ni competir con nadie por el pájaro.

Gracias por mi reflexión, porque sólo nosotros con nuestras interpretaciones nos creamos nuestra propia jaula imaginaria llena de barrotes con un poquito de alpiste para subsistir y nos privamos de volar, cantar, disfrutar libremente y expandirnos.

Hoy abro la puerta de mi jaula y me permito volar y soñar en grande.

Gracias.

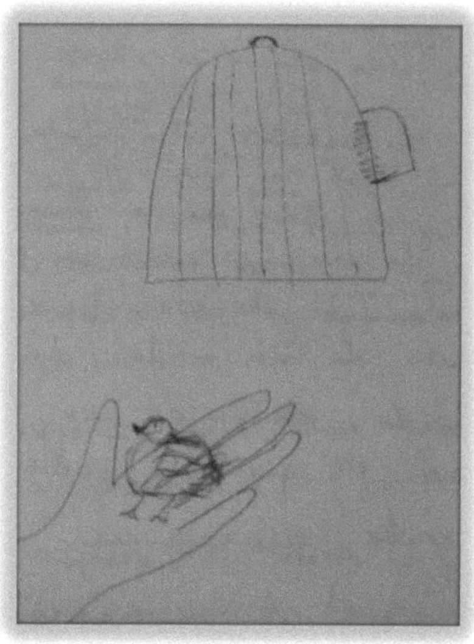

18. "A las 10 en la cama estés y si puede ser antes mejor que después".

"Se acuesta a las 10 como las gallinas".

No sé cómo arrancarme a escribir con estas frases. Están enfrentadas según mi forma de verlo. Y quizás, como una frase la decía mi padre y la otra mi madre, detrás del enfrentamiento de estas frases veo el enfrentamiento de mis padres, de no estar de acuerdo. Quizás nos genera inseguridad ver que los padres no están de acuerdo, quizás me creo que me tengo que posicionar y estar de acuerdo con una cosa o con la otra y eso me pone en una tesitura muy complicada porque me imagino que estoy bien con uno o con otro, según me haya posicionado, y yo no quiero estar bien con uno o con otro, quiero estar bien con los dos.

Veo que es incómodo elegir, es incómodo posicionarte, es incómodo pensar que algo está bien y que lo opuesto está mal, veo que es incómodo criticar lo que hacen otros. A veces sólo criticamos porque como hemos creído que, si una cosa está bien, la contraria está mal, sentimos la necesidad de hacer malo aquello que no vamos a elegir nosotros para que lo nuestro sea bueno.

Es un trabajo absurdo esto, veo que no es necesario que dos alternativas sean una mala y una buena, son sólo dos alternativas. También veo que no es necesario apuntarte a una de ellas y cumplirla siempre. Puedes ser de las dos alternativas que siempre es más enriquecedor y utilizarlas según te vaya bien y te apetezca. Según lo sientas y te sea útil en cada momento.

Yo en general soy de acostarme relativamente pronto por una cuestión de productividad. Me siento mucho más despejada y productiva por las mañanas que por las noches, tengo costumbre de madrugar para sentir que aprovecho bien el día.

Pues según lo he escrito, me produce un poco de agobio, veo que me aprisiona un poco eso de sentirme productiva, sentir que aprovecho bien el día y pensar que hay que dormir un mínimo de horas. Y veo que me aprisiona por lo que comentaba antes de elegir y pensar que, si algo está bien, lo contrario está mal. Estoy funcionando en modo bien o mal y eso me hace estar incómoda.

Quizás debajo de esa incomodidad sigue estando el querer agradar a mamá o a papá.

Cuando siento esto de querer agradar a los dos en algo que ellos tienen visiones opuestas veo que me quedo bloqueada, que no sé por dónde tirar.

Gracias a ver esto me doy cuenta de que no es necesario que intente agradar a nadie, ni a papá, ni a mamá, ni a otras personas.

Realmente es importante que me centre en agradarme a mí misma, en hacer aquello que me haga sentir bien a mí en cada momento y con una mente abierta, respetando otras posturas y sin pensar que lo que yo hago es lo mejor. Es sólo una posibilidad entre otras que no elijo en ese momento y es perfecta siempre que lo haga desde el corazón y me sienta bien con ello.

También es cómodo y útil saber que puedo cambiar a otra opción cuando quiera, porque me venga mejor en ese momento o incluso alternar varias opciones.

Me parece enriquecedor poder jugar con todas las cartas y no limitarme a la "carta buena".

Gracias.

19. "Más sabe el diablo por viejo que por diablo".

Esta frase en principio no me gusta, tiene palabras que no me agradan que son viejo y diablo.

Normalmente la recuerdo diciéndola mi madre refiriéndose a sí misma. No la veo ni vieja ni diabla. Sin embargo, sí que entendí en algún momento que la experiencia te da la sabiduría.

Ahora, a través de mi propia experiencia, he podido comprobar que cuando eres más sabio es cuando más y más asumes y aceptas que no sabes nada, que estás equivocado prácticamente en todas las interpretaciones que has hecho y que la mayoría las has utilizado para limitarte. Que me hago más sabia cuanto más y más me dejo sentir y no por el mero paso de los años ni las experiencias en sí. Las experiencias nos dan sabiduría si de verdad las utilizamos para aprender la lección que nos traen y no para sacar conclusiones erróneas, quejarnos de ellas y no aceptarlas, queriéndolas cambiar insistentemente sin pararnos a observar que aprendizaje nos traen.

Realmente creo que de esta frase aparté las palabras que no me gustan (viejo y diablo) y me quedé con que para saber algo de manera completa hay que experimentarlo además de saber la teoría y también con que puedes aprender muchas cosas a lo largo de la vida si las has vivido, aunque no las hayas estudiado.

Yo particularmente vivo con mentalidad de aprendiz constantemente y creo que eso es lo que me da la posibilidad de aprender al máximo en cada situación. También apoyo totalmente la experiencia, entendida como poner en práctica las cosas. No sirve de nada la teoría si no se aplica, las frases bonitas y los consejos si no se ponen en práctica. No se pueden dar por válidas las cosas si no se comprueban. Es enriquecedor cuestionar las cosas, nuestros grandes principios, experimentar, probar y abrirnos a aprender cada día. Saber reconocer que no sabemos y que siempre puede haber una manera mejor o diferente, que ni siquiera hemos imaginado, nos ofrece la posibilidad de irnos asombrando, descubriendo cosas nuevas y creciendo como personas.

Cultivar la mentalidad de niño, su alegría y su curiosidad constantemente es lo que nos trae sabiduría, no creer que por nuestra experiencia o años ya lo sabemos todo. Yo ahora mismo me siento una mujer madura con espíritu de niña y con todo por aprender y descubrir.

Gracias.

20. "Cree el ladrón que todos son de su condición".

Esta frase, que en principio está abierta a todo porque se puede decir respecto a cualquier cosa que alguien esté pensando o diciendo de otros, a mí me incomoda por la palabra "ladrón".

En general la frase quiere decir que, si tu actúas de una determinada manera, tiendes a pensar o a creer que los demás actuarán igual que tú.

Sin embargo, a pesar de comprender perfectamente ese significado, veo que también me la tomé de modo literal en algún momento y sentí que se me llamaba ladrona.

Rápidamente, de manera casi instintiva, sentimos un rechazo a ser aquellas cosas que consideramos negativas y al hacer eso le estamos dando mucho poder, le damos fuerza a esa cualidad porque en realidad somos seres tan completos que todas las cualidades y capacidades habitan en nosotros.

Dando una definición muy básica, un ladrón es una persona que coge algo que no es suyo.

Al expresarlo así me suena mal, me parece exagerado llamar a alguien ladrón si una vez ha cogido algo que no es suyo. Tanto lo quiero evitar que pienso que sólo se puede llamar ladrón a alguien si roba de manera habitual. Hasta viene a mí la frase "maté un perro y me llaman mataperros".

Sin embargo, si pienso en que a alguien que ha escrito un libro le llamen "escritor" no me parece mal, sólo porque considero que "escritor" es algo positivo.

Pues bien, hoy voy a reconocer en mí la cualidad de ladrona. Es una capacidad que tengo de coger cosas que no son mías. Se que tengo esa capacidad porque lo he probado.

Estoy pensando en una ocasión concreta en la que estuve robando de manera casi profesional.

Era muy joven, salía con un chico que me importaba mucho y quería hacerle un regalo por su cumpleaños. En una tienda vi el regalo que quería para él y consulté el precio. Yo tenía el dinero muy justo y no veía forma de juntar la cantidad de dinero necesaria para el regalo. Mi padre trabajaba conduciendo autobuses y tenía en casa un saquito con el dinero suelto que pagaban los pasajeros. Yo vi ese saco de dinero como la única fuente posible para obtener el dinero que yo necesitaba para el regalo. Así, empecé a coger poco a poco algunas monedas de aquel saco y así iba ahorrando para el regalo.

El proceso fue duro y muy incómodo. Tenía que elegir bien el momento para ir a la habitación de mis padres a coger el dinero sin que nadie me viese. Luego soportar ese terrible momento en el que mi padre se daba cuenta de que no tenía el dinero y lo comentaba en casa. Conforme le faltaba dinero más días, él estaba más seguro de que pasaba algo y de que él lo había contado bien. Estoy segura de que lo contaría varias veces y en diferentes momentos para asegurarse. Era muy incómodo para mi ver como él se quejaba de que le faltaba dinero y mi madre insistía diciéndole que se habría confundido.

Yo sabía que no se había confundido y que era dinero de su trabajo que él tendría que reponer y que dinero en casa no sobraba. Me sentía muy culpable y sin embargo el deseo de complacer a aquel chico era tan fuerte que no podía evitarlo.

Son muchas las angustias que se viven con el robo, el sentirse mala persona por robar, la culpa que sientes por el mal que le estás haciendo al otro, el miedo a que te pillen y el remordimiento de conciencia por lo que has hecho. Vamos, un completo, todo en un solo acto.

Y, además, mientras lo mantienes oculto en el tiempo es como que estás sosteniendo ese sentirte mala persona, esa culpa, ese miedo, ese remordimiento y ese arrepentimiento que surge con el paso del tiempo.

Por eso me alegro de contarlo hoy, de sacar a la luz aquel hecho del que no me siento orgullosa y que forma parte de mí.

Agradezco la actitud de mi padre que, aunque se quejaba y sospechaba, nunca acusó a nadie en particular.

Agradezco la actitud conciliadora de mi madre que intentaba calmar a mi padre confiando plenamente en que en casa no había ladrones.

Siento los momentos incómodos que generé para mí y para otros. Siento también haber concedido tanta importancia a algo material.

Sin embargo, si lo pensamos en profundidad, hacer algunas cosas que no están bien es lo que nos muestra realmente que somos capaces de hacerlas, y que habitualmente no las hagamos es lo que da mérito a ese "portarse bien" o hacer bien las cosas.

Además, en la medida en la que lo ocultas y tienes que negar que has sido tú, también estás mintiendo. Así que, esa otra cualidad que no queremos, ser "mentirosa", queda también claro que ahí está.

Me reconozco hoy también como mentirosa.

Todo esto forma parte de la integración de mi sombra y me da paz. Veo claro que soy un ser completo. Ladrón o mentiroso son términos que se dan a la persona cuando roba o miente igual que se le llama escritor cuando escribe un libro o poeta si escribe poesía.

En realidad, somos seres completos con todas las capacidades en nosotros. Me gusta reconocer que soy también esas cosas que consideraba tan negativas como ladrona o mentirosa porque sabiendo que también soy eso, ya no tengo que estar en lucha para no serlo. Ahora sólo tengo que elegir cómo me comporto en cada momento.

Gracias.

21. "A la vejez viruelas".

Esta frase me produce tristeza porque generalmente me la decía mi madre cuando hablábamos de algo que le habría gustado hacer en la vida y yo la animaba para que lo hiciese. Entonces ella me respondía: "sí, a la vejez viruelas".

Siempre entendí que con eso me quería decir que se le había pasado la oportunidad de hacerlo, que ya era vieja para eso. Si lo pienso ahora, creo que era joven cuando me lo decía y que estaba a tiempo de hacer muchas cosas. Sin embargo, ella me lo decía muy convencida y resignada.

Yo ahora pienso que nunca es tarde para hacer las cosas mientras estemos vivos y que, incluso si algo no podemos realizarlo en su totalidad, quizás podemos hacer una parte de ello o con una intensidad más suave.

Lo que está claro es que es muy enriquecedor no tirar la toalla, no considerarnos "viejos" para nada, saber que siempre estamos a tiempo de lograr nuestros sueños, de hacer las cosas que nos hubiese gustado hacer en un momento determinado y que no hicimos porque no podíamos en esa ocasión.

Según digo esto estoy pensando también: claro, y debajo de esta frase escuchada tantas veces y con tanto convencimiento por parte de mi madre, yo ¿qué creencia he construido? ¿qué cosas considero que ya no puedo hacer porque es tarde para mí?

Lo único que viene a mi cabeza en este momento son los estudios. Veo que me voy frenando y que es como un autosabotaje. Lo observo y he ido descubriendo diferentes cosas relacionadas con el conflicto interno que siento por estudiar una carrera.

Si me quedo observando y sintiendo, veo claro que si yo en mi conversación interna digo "estoy estudiando una carrera" me aparece la imagen de mi madre contestando "a la vejez viruelas".

Esto es sólo mi imaginación, lo que yo he interiorizado porque mi madre ahora no me ha hecho ese comentario y posiblemente hasta se alegre si yo estudio mi carrera ahora. Sin embargo, es como que yo siento que no está bien hacer eso ahora, que ya lo tenía que haber hecho de adolescente y que se me pasó el momento. Es como si se te cerró la puerta, se fue el tren y ya perdiste la oportunidad.

Hoy por primera vez he pensado en las palabras de la frase y me he preguntado ¿por qué dice viruelas? Y he comprendido que con "viruelas" se debe referir a los granos de adolescente, haciendo así referencia a la juventud.

Pues bien, también me doy cuenta de que, a pesar del paso de los años, yo siempre me siento joven y que aún a mi marido le sale de vez en cuando alguna "viruela", algún grano de esos que nos recuerdan a los jóvenes adolescentes. Seguro que todo esto lo organizo inconscientemente para sentir que siempre estamos a tiempo de hacer las cosas que añoramos y no pudimos hacer cuando "era su momento", cuando "éramos jóvenes".

A la vez, de manera interna quiero dar la razón a mamá porque ella es sabia y sabe lo que dice. De ahí que estoy en conflicto y lo hago, pero no lo hago, estudio, pero no estudio y no se hacia dónde tirar.

Bueno, pues bien, llegada a este punto sólo me queda abrir la puerta de par en par, esa puerta que se me cerró en algún momento y me impidió hacer algo. Abrirla a pesar de la edad, probar, no quedarme con las ganas de hacer las cosas solo por mi edad. Ser capaz de ver que, si un día se me escapó un tren, otro puede venir y he de estar esperándolo y abierta para cogerlo. Y ¿qué digo esperándolo?, además de esperarlo he de ir a la estación, poner intención y hacer todo lo que esté en mi mano para cogerlo.

El momento es ahora, hoy puedo salir de esa añoranza de lo que no hice y empezar a ver qué quiero hacer hoy, ponerme en marcha y dar pasos para hacerlo sin necesidad de tener que cumplir esos falsos mandatos que he construido en mi interior.

"Ya vas tarde" es otra frase que se apunta ahora, viene a mí también para decirme "oyeeee, que yo también estoy aquí para reforzar la idea que ahora estás transformando". Pues nada bonita, te agradezco mucho tu servicio, te agradezco tu labor mientras me fuiste útil y ahora te dejo que descanses, te jubilo, voy a contratar a **"estás a tiempo"**. Ella viene con aire fresco y con ganas de animarme para que haga todas las cosas que desee.

Muchas gracias, amigas "a la vejez viruelas" y "ya vas tarde", podéis descansar tranquilas, ya habéis hecho vuestra labor y damos la bienvenida a **"estás a tiempo"** y **"el momento es ahora"** que van a aportar mucho.

Gracias.

22. "Cría cuervos y te sacarán los ojos".

Esta frase no me gustó nunca. Ahora que lo pienso un poco, veo que es porque siempre he pensado en madre e hijos. Me resulta desagradable pensar que los hijos puedan ser cuervos y también que puedan hacer algo malo contra su madre.

Realmente, creo que sólo la hemos utilizado en modo broma cuando algún hijo dice algo sobre su madre, metiéndose con ella y ella sintiéndose atacada responde con la frase. Es una forma chistosa de llamar cuervo al hijo por ese "ataque".

Aunque si me dejo sentir la frase, me resulta muy desagradable lo de "te sacarán los ojos", veo que no hay otras emociones asociadas a esta frase y que no tengo creencias asociadas a ello. Supongo que es porque me parece algo altamente incompatible lo de que una humana pueda tener cuervos.

También creo que juega un papel importante en eso el que se dijese a modo de broma. Quizás el humor hace que no me tome las cosas tan en serio y de forma tan dramática.

Importante: el tono con el que nos lo decían y la emoción que percibíamos junto a la frase juegan un papel fundamental en la formación de creencias.

Gracias.

23. "Todos los caminos llevan a Roma".

Esta frase me parece alentadora en el sentido literal de ir a algún sitio, me indica que al final siempre llegaré a donde quiera ir porque, aunque me pierda, encontraré un camino que me lleva a donde quiero. Que hay diferentes caminos para llegar al mismo sitio.

Sin embargo, a pesar de ese enfoque tan positivo y alentador, también me nace una interpretación menos positiva en la que interpretaría que da igual lo que hagas y el camino que cojas porque siempre llegarás al mismo sitio. Quizás sea porque la he oído en diferentes tipos de situaciones.

Creo que la vida en sí misma es un recorrido, un camino en sí mismo. Y si aplico la frase en el sentido más amplio, dando a la palabra "camino" ese significado de la propia vida, "Roma" sería la muerte, que es el destino final para todos.

Ahí sí que se cumple 100% esta frase, todos vamos al mismo destino. Hay caminos más cortos y caminos más largos. Hay caminos más suaves y caminos más intensos. Hay caminos neutros y caminos significantes. Hay caminos rectos y caminos con curvas. Lo que sí creo actualmente es que hay infinidad de caminos, que el camino en sí mismo es lo que merece la pena porque el destino ya lo conocemos.

Que el camino, al no saber si es largo o corto, hay que disfrutarlo instante a instante para que esté bien aprovechado. No pensar que como es largo ya disfrutaré en otro momento futuro.

¿Existirá ese momento futuro?

En el camino hay infinitas bifurcaciones hacia otros caminos. Instante a instante puedes elegir si te quedas en ese camino o pasas a otro. No pasa nada si pasas a otro y no te gusta porque vuelves a tener infinitas bifurcaciones.

A veces en los caminos hay pruebas, pruebas para que vayamos aprendiendo cosas y si superamos esa prueba se nos abren caminos distintos. Es como si según avanzamos y superamos ciertas pruebas nos dan llaves que abren puertas que van a caminos diferentes que si no las hemos superado. Si nos quedamos atascados haciendo siempre lo mismo es como que los caminos a los que optamos son todos similares.

A veces en la vida creemos que cogemos un camino que generalmente hemos aprendido que es "el camino correcto" y ya no podemos salir de ahí. Algunas personas incluso dicen con resignación "esta es la vida que me ha tocado vivir". Como si le hubiesen dado un plano con ese camino al nacer y ya no pudiese hacer otra cosa.

Lo importante es comprender que somos totalmente libres de elegir nuestro camino, que estamos eligiendo instante a instante porque hasta cuando parece que no elegimos nada, estamos eligiendo estar igual.

A veces en el juego se nos dan ayudas. Cuando alguien está muy estático o no va bien se le pone una prueba de alto nivel para ver si así reacciona y empieza a jugar y a divertirse de otro modo. Algunas personas aprovechan esas oportunidades para salir de su atasco y empezar a transitar caminos diferentes y otras creen que son desgracias que les envía la vida y siguen por el mismo camino con más pena y sufrimiento.

Cada uno estamos eligiendo constantemente el camino, aunque sepamos que vamos a Roma. A veces, creo que hasta se nos olvida o no queremos aceptar que vamos a Roma. Incluso pensamos que a nosotros nos falta mucho para llegar cuando ni siquiera sabemos si tenemos Roma a la vuelta de la esquina.

También elegimos constantemente cómo hacer ese camino, que herramientas llevamos con nosotros para transitar los múltiples caminos. Podemos ir con curiosidad, con ganas de aprender y superar pruebas, con ilusión por explorar y ver nuevos caminos, sembrando por el camino, disfrutando de los compañeros y compañeras de viaje y aceptando que Roma puede estar en el momento siguiente.

O podemos ir pensando que sólo hay un camino, que es el que nos ha tocado, que Roma está muy lejos, que ya haremos las cosas más adelante, quejándonos de las pruebas, machacando el camino sin importarnos los que vengan detrás e incluso quejándonos de los compañeros de viaje.

La vida es tan maravillosa que nos deja elegir como queremos vivirla, como queremos hacer el camino. No hay límites, se juega libremente.

Es cierto que en una primera etapa del juego dependemos de otros jugadores para sobrevivir y aprender cosas, pero una vez alcanzada cierta independencia, la responsabilidad es sólo nuestra y tenemos la capacidad de elegir.

¿Somos conscientes de que vamos a Roma?

¿Qué caminos quieres explorar?

¿Qué actitud quieres llevar por el camino?

¿Qué quieres sembrar y construir por el camino?

¿Cómo quieres tratar a tus compañeros de viaje?

Quizás si aceptásemos que el destino es Roma y que no sabemos cuándo llegaremos, podríamos centrarnos en disfrutar de nuestro camino instante a instante.

Gracias.

24. "Nadie es perfecto".

¿Y por qué? ¿Por qué nadie es perfecto?

Nadie es perfecto porque estamos todo el día juzgando, hemos entrenado nuestra mente desde chiquititos para estar constantemente opinando, aunque sea mentalmente, si las cosas están bien o no.

Juzgamos y opinamos absolutamente de todo, del físico de las personas, de su manera de hablar, del tono, de lo que dicen, de lo que hacen y de como lo hacen.

Me ha generado angustia escribir eso y es que realmente es angustioso hacer eso.

Lo peor es que generalmente lo hacemos de manera automática, mentalmente estamos evaluando si está bien o mal lo que estamos viendo.

Estamos continuamente juzgándolo todo. No nos damos cuenta de que esos juicios que hacemos fuera nos los hacemos también a nosotros mimos y ahí es cuando nos hacemos más daño. Muchas veces los juicios que hacemos de otras personas no llegamos a expresarlos o, al menos, no al interesado directamente, con lo cual, en principio, no se vería afectado.

Sin embargo, los juicios que hacemos sobre nosotros mismos nos afectan de inmediato porque son pensamientos que recibimos nosotros directamente (el interesado). Son críticas sin filtro, ataques en directo.

Yo llevo 4 años practicando "no juzgar", creo que he avanzado mucho a pesar de que llevaba unos 46 años juzgando sin parar y eso hace que el hábito esté muy impregnado.

Tengo aún un largo camino por recorrer y me doy cuenta de que cuanto menos crítica soy con los demás, menos crítica soy también conmigo misma. Cada vez me puedo aceptar más como soy y sentirme más relajada para poder expresarme y hacer cosas. Porque, sin darnos cuenta, a veces ese deseo de "ser perfectos" y de juzgar todo, llega a bloquearnos y no hacemos algunas cosas sólo para no fallar.

Esta frase es muy potente, si me centro en la palabra "nadie" siento claramente que se refiere a "todos" y si cambio la frase para poner el "todos" me quedaría **"Todos somos imperfectos"**.

¿En serio? ¿Cuál es el patrón definitivo de la perfección? Yo, sinceramente ni lo conozco, ni podría intentar siquiera definirlo.

¿Qué es mejor un bebé con pelo o un bebé calvito? ¿Qué es mejor un niño o una niña? ¿Qué es mejor un bebé que pesa más o un bebé que pesa menos? …

Parecen preguntas absurdas, sin embargo, opinamos de todo eso y de todo lo demás. Quizás la respuesta más coherente sería: ese bebé es perfecto tanto si es calvito como si tiene pelo, tanto si es niño como si es niña, tanto si pesa más como si pesa menos. Todas esas cualidades y otras más son las que le hace ser lo que es en ese instante.

O no, porque en realidad lo que somos está mucho más allá de lo que se puede apreciar sólo con la vista.

Llegada a este punto veo que, aunque ahora siento que todo es perfecto tal y como es en cada instante y que todos somos perfectos tal y como somos en cada instante, tengo aún mucho camino por hacer en lo que al "no juicio" se refiere.

Lo que si voy a hacer es sustituir esta frase de "Nadie es perfecto", que ya no estoy muy conforme con ella, por una nueva:

"Todo y todos somos perfectos instante a instante".

Instante a instante es importante para mí porque he comprendido que instante a instante estamos eligiendo y, por tanto, instante a instante evolucionamos y somos diferentes.

Gracias.

25. "A buen entendedor, pocas palabras bastan".

Nada más leer esta frase he pensado: "pues que mal la aplico, si suelo repetir las cosas un montón de veces y me dicen que ya lo han comprendido mientras sigo repitiendo … "

¿Qué me ocurre? ¿Pienso que los demás no son buenos entendedores?

¿Qué es para mí un "buen entendedor"?

Para mí un "buen entendedor" es una persona inteligente.

En principio considero que todos somos inteligentes.

¿Para qué repito entonces? ¿Qué repito y con quién?

Creo que sólo me pasa con mi marido y mis hijos. Cuando en alguna situación yo tengo una opinión o una idea que considero que es buena y que es lo mejor, lo repito y lo repito de varias formas distintas como si quisiera que se le grave al otro.

Mientras reflexionaba y escribía esto he recordado otras frases:

"La letra con sangre entra" y "A ver si se te graba en la sesera".

"La letra con sangre entra" es una frase que he escuchado a veces a mi madre, creo que siempre la he relacionado con épocas pasadas porque las personas de mi edad hemos escuchado historias de nuestros padres de que en su época los profesores les pegaban en la escuela. Siempre me ha desagradado esa frase, sobre todo por la palabra "sangre", me parece extrema. Sin embargo, si me olvido de que les pegasen, ya que eso yo no lo he vivido, y recuerdo cuando mi madre me lo decía, para mí tendría el significado de que hay que esforzarse para aprender algo. Quizás ese es el esfuerzo que yo hago repitiendo y repitiendo para conseguir que el otro lo aprenda e incluso que "se le grabe en la sesera".

Veo como los demás sienten que soy una pesada cuando hago eso. Quizás en algún momento cuando mi madre me quería "grabar algo en la sesera" me pareció una pesada y no me atreví a decírselo.

Definitivamente, veo que es eso lo que hago, repetir y repetir para metérselo en la cabeza, en definitiva, para que "se les grave en la sesera".

Me parece muy desagradable. Creo que es genial tener ideas, expresarlas y comprobar amablemente que te has explicado bien y que los otros han comprendido lo que querías decir. A partir de ahí, respetar lo que hagan los otros con esa información.

Me resulta cansado y no me agrada lo de grabar nada a nadie en su sesera, no sé quién soy yo para hacer eso.

Me libero de esa ardua tarea y me quedo con la frase "a buen entendedor pocas palabras bastan".

Sin embargo, cuando lo he escrito, he pensado: "bueno … sin pasarse" y me he dado cuenta de que a veces me quejo de que mi marido me habla poco. Igual me considero muy inteligente o simplemente en mi interior creo que si recibo pocas palabras es porque soy muy inteligente.

Pues realmente, inteligente sí y adivina no.

Así que, pensándolo mejor creo que tampoco me quedo con esa frase. Veo que me limita tener que pensar si los demás y yo misma somos inteligentes o no para elegir el número de palabras.

"Comunícate con claridad y con amor y comprueba que se ha comprendido lo que querías expresar sin ser pesada". "Ábrete a recibir la información de los

demás y a comprender lo que ellos quieren expresar".

Estas son las dos cosas que me digo hoy porque creo que me serán útiles para mejorar mi comunicación con los demás.

Gracias.

26. "Quien bien te quiere, te hará llorar".

Esta frase la siento muy neutra, es como si no me la hubiese creído. No siento en mí esta frase como una verdad que me esté limitando en cuanto a que a mí me hagan llorar las personas que me quieren. Al contrario, siempre he recibido bastante suavidad por parte de las personas que me quieren y, quizás, de las que no lo han hecho así he sentido que no me querían.

Creo que más bien me ha podido servir de herramienta a la hora de actuar como madre y, con ella, poder sentirme firme con alguna decisión que hubiese tomado por el bien de mis hijos, aunque ellos llorasen.

La única duda que me queda ahora es si agarrándome a la frase he sido muy dura o poco considerada en algunas ocasiones. Quizás, a veces, por simplificar decimos esta frase, que no consuela mucho al que la escucha, porque no se entiende que alguien que te quiera te vaya a hacer llorar. Quizás sería mejor en su lugar, explicar a nuestros hijos por qué estamos tomando esa decisión y aclararles cuánto les queremos, que entendemos que lloren, que no nos gusta verles llorar y que, aun así, no podemos cambiar de decisión.

Según he dicho esto me ha venido un pensamiento, una respuesta mental en la que me he dicho "no hay tiempo para tantas explicaciones". He recordado a mi madre siempre haciendo cosas, sin parar, como sobrecargada de trabajo. Quizás además del trabajo, sobrecargada también de pensamientos y emociones propias. Y me recuerdo a mí en ocasiones sintiéndome también sobrecargada por la falta de tiempo, por la presión que yo me ponía para querer abordar todo y de una manera poco flexible, queriendo hacer todo lo mejor posible y quizás pasando por alto que dentro de ese "lo mejor posible" está también parar a ver cómo te sientes, cómo se sienten los demás, hablar con ellos para poder entenderlos y exponer tus sentimientos para que te entiendan a ti.

Veo esta frase como un "salir del paso" en nuestra forma rápida de vivir y sin pararnos a tener conversaciones interesantes.

También, a veces, siento que pensamos que hay cosas que no podemos explicar a los niños porque no las van a entender.

Afortunadamente, yo siento que me tomé esta frase como un "hago esto por tu bien".

Agradezco a mi madre que siempre hiciese las cosas pensando que eso era lo mejor para nosotros como yo hice luego también como madre. Es posible que nos equivoquemos muchas veces y en eso consiste la escuela de la vida, en aprender a base de equivocarnos y de tomar decisiones, las que vemos como mejor opción en ese momento.

Gracias.

27. "No hay mejor palabra que la que está por decir".

Para mí quizás esta frase siempre me invitó a callarme, a no expresar lo que pienso o siento.

Actualmente he empezado a cambiar esa actitud y a permitirme expresar lo que pienso y lo que siento. He observado que cuando voy a expresar mi opinión y mi sentir, si no coinciden con lo que la otra persona opina, tengo miedo al rechazo, a que no se admita lo que o digo e incluso a perder la relación con la otra persona o a sentir que la relación ya no es igual de buena.

La verdad es que no se si eso está directamente relacionado con esta frase o no, pero me ha invitado a sacarlo.

Esa limitación que yo me pongo para expresar lo que opino y el miedo que siento al rechazo me lleva directamente a mi madre. Con ella pasé muchas horas de conversación y es cierto que recuerdo muchas de esas conversaciones como si fuese ella la que hablaba todo el tiempo, yo asentía y a veces, incluso cuando no estaba de acuerdo, y me callaba mi opinión.

También recuerdo algunos desencuentros cuando expresaba mi desacuerdo con algo, veo como nos enfadábamos y me sentía distanciada de ella. Eso era algo que no podía soportar, lo pasaba fatal. Sin embargo, pasado un tiempo, el amor que era inmenso nos unía de nuevo.

Ahora veo que por mi falta de práctica en expresar mi opinión y por ese miedo al rechazo, cuando expresaba mi desacuerdo quizás, en vez de hacerlo de una manera tranquila y pausada, lo hacía desde ese miedo y nerviosismo, y esa tensión era la que no permitía que la comunicación fuese buena e incluso que se produjese el enfado.

Hoy es un día precioso para que me haya salido este tema porque después tendré una reunión con unas compañeras y amigas para tratar un tema en el que podríamos no estar de acuerdo. Eso me estaba provocando cierta tensión y me lleva a pensar que es exactamente por este miedo al rechazo, al enfado y al distanciamiento.

Ahora, con esta reflexión, sabiendo que mi madre jamás me ha rechazado, que nuestro amor lo puede todo y es más fuerte que cualquier enfado, me siento preparada para abordar la conversación desde la calma y el amor. Puedo expresar lo que siento sin ponerme nerviosa, sin tensión, aceptando que podamos estar en desacuerdo, buscando opciones para llegar al acuerdo sin necesidad de enfadarme o distanciarme.

No son las palabras lo que me distancia de los demás. Las palabras son importantes, no siempre la mejor palabra es la que está por decir. Aunque también pienso actualmente que hay que cuidar las palabras y utilizar las justas, las que aportan algo, las que expresen como me siento sin ofender a otros y sin pensar que mi sentir es una gran verdad y la única opción.

Respetar mi sentir y el poderme expresar es importante para poder respetar el sentir de los otros y lo que ellos tengan que expresar.

Hoy visualizo las palabras que salen de mi boca como lindas mariposas y corazones de bellos colores y me permito hablar.

Gracias.

28. "No se puede tener todo".

La verdad es que desconozco quién inventó la frase, pero con tan sólo 5 palabras, parece que nos cerró la puerta de la felicidad. Digo esto porque yo asocio esta frase, por el contexto en el que la solía escuchar, a cosas importantes de la vida, esas que hemos creído que son los pilares básicos de la felicidad. Entre ellas estaría la salud, el dinero, el trabajo, el amor y los hijos.

Parece que la frase no deja muchas alternativas, con lo de "No se puede" yo asimilo como que es imposible, que no se da esa opción y que tienes que resignarte con una felicidad parcial.

Parece que hubiese que conformarse si tienes salud y no tienes dinero o tienes dinero y no puedes tener hijos o cualquier otra combinación.

En todo esto según lo digo, sí que parece que tengo interiorizado que **"la salud es lo principal"**, otra frase que también acabo de ver que está en mí. Así que yo afortunadamente tengo mucha salud. Me siento sana, afortunada en el amor y con unos hijos maravillosos.

Repaso mi vida y reviso como me he limitado para cumplir con esta frase. Mentalmente establecí mis prioridades, salud, amor, hijos, trabajo y dejé el dinero en último lugar. Veo como eso me ha impedido tener suficiente para hacer cosas que me apetecían y con las que disfrutaría y me sentiría mejor. Sin embargo, con esta frase te consuelas, piensas que eres un afortunado por tener todo lo anterior y como "no se puede tener todo" y a lo demás no quiero renunciar pues creas esta realidad.

Es bonito observarlo y veo que actualmente no me aporta nada tener esta creencia, sólo me limita, me hace elegir entre varias cosas pensando que al menos una me va a faltar.

Es fantástico estar agradecido y también saber que estamos en un sistema equilibrado, amplio y sin límites. Que estamos completos, que podemos optar a todo.

La vida está ahí con todos los recursos disponibles para nosotros, esperando que estemos abiertos a recibirlos. Si no estamos abiertos por esta creencia o por otras, nos respeta y sólo nos da aquello que estemos dispuestos a recibir y que haga realidad nuestro sistema de creencias y se ajuste a nuestros valores.

A menudo nos quejamos y también nos consolamos con frases como esta sin darnos cuenta de que estamos creando nuestra realidad. Si queremos cambiarla lo que tenemos que hacer es cambiar nuestra forma de pensar y sentir. Abrirnos a pensar que quizás estamos equivocados y esas "grandes frases", que aprendimos y nos creímos algún día, no nos sirven.

Hoy agradezco esta frase y el consuelo que pudo darme a mí y a otras personas y la dejo ir. Mejor me quedo con **"se puede tener todo"** y **"la vida me da lo que en cada momento es útil para mí y puedo gestionar"**.

La vida me da lo que estoy pidiendo desde lo más profundo de mí. Por eso, sabiendo que tengo exactamente lo que pido, si no me gusta lo que recibo, puedo revisar qué estoy pidiendo, comprender para qué y cambiar si lo considero necesario. Todo se mueve siguiendo la información que hay en nuestro interior.

Me da mucha paz y poder saber que no hay mala suerte, que sí se puede tener todo, que existe toda esa información en mi interior y que puedo ir explorando para conocerme, transformarme y así ser capaz de crear otras "realidades".

Gracias.

29. "Nosotros no nadamos en la abundancia".

Una vez más el "Nosotros", esa gran palabra que te une a tu grupo, a tu familia y que parece indicar que a todos nos pasa lo mismo. Sin embargo, en esta ocasión, por lo reflexionado en frases anteriores, puedo sentirlo mucho más suave. Incluso elegir internamente no formar parte de ese "Nosotros" para esto en concreto. Sabiendo que pertenezco al "Nosotros" pero puedo expresarme y vivir cosas de manera particular, a mi modo.

Tampoco me creo la frase como una gran verdad para todos y para siempre que es lo que debí hacer en algún momento al escucharla. Ahora la veo como que pudo ser algo puntual y que las cosas evolucionan y cambian y realmente somos abundantes.

Qué bonita palabra, Abundancia.

Ahora he descubierto que no tiene tanto que ver con lo que tienes, sino que más bien es una forma de sentirte. Realmente todos tenemos muchas razones para sentirnos abundantes. Si nos paramos a pensar, en torno a nuestra vida hay infinidad de cosas en las que somos muy abundantes. Eso me conecta con la palabra "nadar". Al principio de escribir la frase pensé: ¿Por qué "nadar" en la "abundancia"?

Ahora siento que normalmente se nada en agua y estás totalmente rodeado de agua e incluso te sumerges en ella. Si además pienso en nadar en el mar, la abundancia viene por sí sola. Por tanto "nadar en la abundancia" vendría a significar estar rodeado de abundancia e incluso sumergirte en ella.

Yo realmente me siento así si saco de la ecuación el dinero, que ya he visto en más ocasiones que es en el que focalizo muchas de estas frases.

Me siento muy abundante, rodeada de abundancia y agradecida. Tengo mucha vida y veo mucha vida a mi alrededor, mucha salud y mucha enfermedad, mucha belleza, mucho amor, a veces mucho sufrimiento. Según voy escribiendo veo que siempre digo "mucho" y he ido abriéndome a decir tanto cosas que calificamos de "positivas" como de "negativas". Y me doy cuenta de que todos nadamos en la abundancia porque estamos rodeados de "mucho" de "todo", de diferentes situaciones y estados que nos llevan a ver que estamos vivos, experimentando y cambiando.

Las diferentes situaciones y experiencias son lo que dan riqueza a la vida. Si algo se queda estático e inmóvil es como si estuviese muerto.

Todo esto que escribo estoy de acuerdo con ello y me parece muy bonito. Sin embargo, he vuelto a decirme la frase y me lleva directamente al dinero de nuevo y me he enfadado. Me enfado por ese machaque mental que he recibido con diferentes frases que han hecho que me sienta "pobre" durante tantos años. He creado una identidad de "pobre" para ajustarme a todas estas frases y al "Nosotros".

Estoy enfadada porque veo que no ha sido un mensaje, que han sido muchos mensajes de diferentes maneras los que he recibido hasta moldear mi mente y creérmelo.

En fin, eso es lo que hay en mi interior. Al menos ya lo he visto, ya estoy atenta, ya sé por qué me siento así con los temas económicos y puedo avanzar hacia otra dirección y, así, crear una realidad diferente para mí y para otras personas.

Me ha resultado aburrida la frase de hoy, como volver al mismo punto, a cosas que ya he sentido y explicado antes. Quizás al leerla podía haber dicho "Next" y pasar a la siguiente. Sin embargo, es importante también que pueda ver de cuántas maneras diferentes me ha venido el mensaje porque cada una con sus matices puede haber hecho que me limite en cosas distintas.

Esta frase con lo de "nadar" me lleva en máxima abundancia al mar. El mar es algo que admiro, que aprecio mucho cuando voy y que me permito muy poco. Ocasiones puntuales, poco abundantes mis visitas o viajes a zonas con mar.

Gracias porque después del aburrimiento de la frase y el enfado, me sale al menos este nuevo objetivo, aumentar mis visitas al mar y sentirme abundante también en mi contacto con el mar.

Me gusta también ver que me aburre ya el tema económico enfocado siempre hacia el mismo punto. Estoy empezando a aburrirme a mí misma como "pobre" y creo que empezaré a experimentarme de otro modo, a representar un nuevo papel, que ya he estado muchos años atascada en este. Creo que lo he hecho bien pero ya puedo cambiar.

Gracias.

30. Como decía mi padre … "El que vende pronto acaba".

Esta frase no recuerdo bien en qué contextos me la decía mi madre. Tengo una sensación de que no entiendo la frase en general. Quizás me he quedado sólo con que vender es malo. Lo que me produce cierta incomprensión es el "pronto acaba" … "pronto acaba" ¿de qué? Puede que ante esa incomprensión lo traduzco como que se queda sin nada.

Quiero anular esa asociación que he hecho de vender = malo. Siempre he dicho que yo para vender no valgo. Pues ya he visto que es irreal, he estado trabajando como vendedora en una óptica y vendía bien, disfrutando y los clientes confiaban en mis recomendaciones.

Quizás veo que me afecta más al tema de propiedades porque interpreto de la frase que vendes tus cosas. Si observo, veo que las veces que he cambiado de casa siempre he comprado primero la nueva y luego he vendido la otra, como una forma de asegurar que no me quedo sin nada.

Sin embargo, actualmente no me interesa tener esa limitación mental. Ahora colaboro con mi marido en su negocio inmobiliario. Ahí hay que vender y alquilar las propiedades de manera fluida y sin miedo que es para lo que nos contratan los clientes.

A veces nuestro inconsciente no diferencia y esas asociaciones mentales que hacemos, como vender es malo porque me quedo sin nada, podemos aplicarlas sin darnos cuenta a cosas que no nos interesan. Por ejemplo, ahora si no vendemos es cuando realmente nos quedamos sin nada porque no tendríamos ingresos. Además, nuestro trabajo no estaría bien hecho porque los clientes nos confían sus propiedades para que las vendamos. ¿Estaré considerando también que, si es malo vender mis propiedades, es malo también que otros vendan las suyas? Posiblemente sí porque la frase habla en modo general, como si funcionase para todos.

Hoy quiero transformar esta frase en **"El que vende consigue sus objetivos"**.

Si tú has decidido vender algo, por el motivo que sea, cuando lo vendes consigues tu objetivo. Si Julián y yo vendemos ahora una casa, conseguimos el objetivo de cumplir con el encargo del cliente, que es algo a lo que nos hemos comprometido. Y, además, cumplimos con el objetivo de ingresar dinero que es uno de los intereses del negocio. Cumplimos también con el objetivo de ocupar esa casa con unos nuevos propietarios que es algo que siempre me encanta porque veo que las casas son algo vivo, lleno de historias y vivencias de las personas que allí habitan. Le estoy muy agradecida a las casas porque aportan cierta seguridad y acogen a los que allí viven.

Sin embargo, no me parece algo que haya que mantener de por vida. Nosotros hemos cambiado de casa varias veces y veo riqueza en ello porque da nuevas perspectivas, puedes cambiar hábitos, enriquecerte con nuevos vecinos o nuevas costumbres si, además, has cambiado de zona. De alguna forma sales de la rutina en la que a veces caemos sin darnos cuenta por mantener todo estático y no incluir cambios en nuestra vida.

Por eso me parece algo muy positivo cambiar de casa y me encanta el trabajo que hacemos. De hecho, voy a ampliar un poco más la nueva frase:

"El que vende consigue sus objetivos y hace hueco en su vida para que lleguen cosas nuevas".

Gracias.

31. "No por mucho madrugar amanece más temprano".

Esta frase me gusta porque para mí nos invita a la paciencia, a comprender que hay cosas que tienen que seguir su curso y su proceso y que nosotros no podemos hacer nada para acelerarlas. Quizás en muchas cosas vivimos acelerados y queremos adelantar su curso.

Quizás una de las cosas que más me ha sorprendido a lo largo de mi vida y con la experiencia de ser madre, es como se trata de acelerar todo en los colegios. Es como si tuviésemos prisa por que los niños crezcan, porque maduren, porque aprendan cuanto más mejor y cuanto antes.

Quizás ahí nos estamos equivocando. Cada vez intentamos que aprendan más y jueguen menos, que estén ocupados.

Menos mal que no podemos hacer que amanezca más temprano porque si pudiésemos, con esas ganas que nos dan de acelerar y manipularlo todo, seguro que lo haríamos.

Creo que a los niños habría que darles el tiempo necesario para que maduren a su ritmo, dejarles que jueguen y que potencien con ello su creatividad. Permitir que se aburran y se acostumbren a sí mismos y a sentirse bien, aunque no hagan nada.

Hemos aprendido a valorarnos por lo que hacemos y eso nos agota a menudo. Muchas personas experimentan insatisfacción cuando no hacen nada, no se permiten descansar y disfrutar de su descanso.

¿En qué cosas estoy yo "madrugando" o corriendo demasiado?

Afortunadamente, aunque profundizo en mí, no se me ocurre ahora mismo ninguna cosa en la que me vea con prisas y queriéndolo acelerar, siento que he aprendido a fluir con el ritmo de la vida.

¿En qué cosas estoy yo "madrugando" poco porque pienso que lo que haga no variará el resultado?

Me alegra ver que ahora mismo tampoco se me ocurren cosas en las que quiera acelerar. Ya me he metido bastante presión a lo largo de mi vida y ahora veo que me estoy permitiendo mis tiempos, que he aceptado por fin ese proceso de maduración natural. Igual que cuando un niño aprende a andar, que va practicando paso a paso, fortaleciendo sus piernas, cogiendo confianza en sí mismo, permitiéndose agarrarse cuando lo necesita o incluso sentarse con el fin de no caerse. Así me siento en mi nueva andadura, aprendiendo, abriéndome a avanzar paso a paso, superando mis miedos y cogiendo confianza a mi ritmo, respetando mis tiempos.

Me parece importante esta reflexión porque estoy dándome cuenta de que tenemos que ser muy cuidadosos también en respetar los tiempos de los demás. Estamos tan acostumbrados a compararnos que, a menudo, pensamos que, si yo puedo, otro también o si él puede yo también. Esto es bueno a veces para impulsarnos o impulsar a otros, sin embargo, otras veces también puede ser perjudicial.

Seamos ejemplo sin empujar a nadie, respetemos sus ritmos.

Gracias.

32. "Siempre estás en medio como el jueves".

Buenos días, hoy es Jueves 22 de Abril de 2021. Es curioso que en Jueves me salga esta frase. Vamos a explorar cómo me siento con este maravilloso día de la semana y si tengo que reconciliarme de algún modo con él.

Esta frase de hoy me produce cierta inquietud, veo que me da cierto rechazo explorarla porque tengo la impresión de que yo no me siento bien con ella y me da cierto respeto por mi madre decir abiertamente lo que siento.

Esta frase es algo diferente a las demás, no es una frase general que se aplica a todo el mundo, es una frase particular que mi madre me decía a mí.

Además, la frase exactamente decía "Quita, que siempre estás en medio como el jueves".

Recuerdo que esta frase me la solía decir mi madre en la cocina. Yo pasaba muchas horas con ella en la cocina mientras ella cocinaba o recogía. Era para mí una forma de acompañarla y "ayudarla".

En aquella cocina me contaba sus cosas y yo hacía de confidente también.

Ahora realmente me pesan tantas horas de cocina cuando lo pienso, lo observo desde fuera y no comprendo por qué no estaba jugando con mis hermanos, viendo la tele o haciendo otras cosas. El caso es que estaba allí, en la pequeña cocina, tratando de ayudar a mi madre y acompañándola.

La cocina era muy pequeña y si ella se tenía que mover por ella, realmente me tenía que apartar.

Supongo que "estás en medio como el jueves" me lo decía como algo gracioso. Aunque a menudo iba con prisa o estaba atenta a sus cosas y el tono no era muy amable.

El caso es que la frase no me gustaba. Directamente yo la traducía por "quita, que me estorbas". Lo que más me retumba es la palabra "siempre", es como si se amplificase y quisiese decir que siempre estaba estorbando.

Yo soy la tercera de cuatro hermanos. Quizás en ese sentido también estoy en medio.

Según he ido hablando de la frase, me he dado cuenta de la evolución de las cocinas en las casas en las que hemos ido viviendo. La única casa que tenía una cocina un poco más pequeña fue la primera casa que compramos, a la que nos fuimos a vivir cuando nos casamos, allí estuvimos hasta que nació nuestra hija, que es la segunda. Es verdad que esa casa sólo tenía dos habitaciones y queríamos una más grande para que cada uno tuviese su habitación. Sin embargo, ahora me doy cuenta de que en mi interior también era importante el tema cocina. Pasamos a una casa con una cocina amplia, ahora tengo claro que no quería que mi hija sintiese que estorbaba. A partir de ahí, todas las casas han tenido cocina amplia para poder estar varias personas.

De hecho, me doy cuenta de que para que yo vea esa información que hay en mi interior, recientemente he tenido varias escenas con mi hija, estando las dos en la cocina, en las que ella me dice "Uy, perdón que estoy en medio" y yo la he respondido "no cariño, no estás en medio, estás fenomenal ahí" y he aprovechado para abrazarla y darle un beso. Y me doy cuenta de que eso es lo que yo quería, ese abrazo y ese beso de mamá y por eso estaba siempre a su lado.

Me sentía rechazada con la frase. Ahora en la distancia puedo comprender a mi madre, su carga de trabajo, el espacio tan reducido en el que tenía que moverse y su falta de tiempo para pararse a hacerme cariñitos.

En cuanto al Jueves, también le he debido coger un poco de manía por esa comparativa.

Hace poco hemos empezado a quedar unas amigas y por agenda de unas y otras, terminamos medio fijando el jueves como día de nuestras salidas. Una amiga empezó a protestar por el jueves, diciendo que no quería que se quedasen las salidas fijas en ese día. Yo no lo comprendía muy bien porque realmente habíamos elegido ese día un poco por cuadrar lo que a todas nos venía mejor.

Ahora veo que quizás la que no quiere el Jueves soy yo porque en relación a él me siento no querida, rechazada y que estorbo.

Bueno, pues hoy que es Jueves, voy a aprovechar a deshacer todas estas tontas incomodidades que un día me creé en torno al Jueves y a las cocinas. Voy a pasar un buen rato en mi amplia cocina, relajada, cocinando cosas que me gusten y disfrutando. También pondré con cariño en mi agenda planes chulos para los jueves y le veré como un precioso día porque ahora realmente "el medio" me parece lo mejor, para mí es el equilibrio y es lo que tiendo a buscar en todas las cosas. Me alegro de estar en medio como el jueves. Ahora me lo tomaré como que el jueves y yo somos ese punto en el que un montón de personas, cosas y situaciones encuentran el equilibrio.

Gracias.

33. "No dejes para mañana lo que puedas hacer hoy".

Esta frase me conecta con mi etapa de control y con la exigencia conmigo misma y con los demás. En esa etapa yo creía que sabía cómo tenían que ser las cosas, que sabía lo que era mejor para mí e incluso para otros. Creía que había que ser muy riguroso, que había que esforzarse mucho. Me angustiaba con frecuencia con cosas que no sabía cómo tenía que resolver y pensaba que tenía que hacer algo con ellas.

Ahora afortunadamente he aprendido a fluir con la vida, a sustituir el esfuerzo por disfrute en lo que hago. Cuando algo me da sensación de que se me complica mucho o me cuesta mucho esfuerzo, sé claramente que eso no es para mí. Aunque no sepa exactamente porqué en ese momento, sé que no es el camino o que no es el momento adecuado. He aprendido a confiar en la vida, a comprender que todo lo mejor llega a mí de manera suave y perfecta en el momento preciso.

Yo, por mi parte, tengo que estar atenta, ver las oportunidades venir, aceptarlas, asumir mi responsabilidad en todo lo que sucede en mi vida, revisar esas emociones que surgen en mí, flexibilizar, saber que a veces son miedos que me quieren bloquear y tratarlos con cariño para avanzar. Otras veces simplemente saber que no es el momento, aceptarlo y esperar para ver una nueva opción.

Estoy muy agradecida a mi etapa de control porque gracias a ella he aprendido muchas cosas como a ser disciplinada, saber organizarme, a ser bastante productiva, aumenté y fortalecí mi fuerza de voluntad y seguro que muchas cosas más. También experimenté muchas emociones y sentimientos de inseguridad, impotencia, angustia, miedo, frustración, sobrecarga, etc.

Todo esto me resulta muy útil ahora, todo lo que aprendí lo puedo seguir utilizando en menores dosis, en dosis equilibradas que produzcan en mí emociones diferentes. Ahora he aprendido a buscar en mí la seguridad, el sentirme capaz, la paz, el amor, la confianza, la relajación y la aceptación. No creo que hubiese aprendido a ver estas cosas en mí sin las experiencias pasadas. O quizás sí, sin embargo, ese fue mi camino y mi forma de aprenderlo y ahora lo respeto.

Así que ahora no me tomo la frase de hoy como una gran verdad. He aprendido que a veces viene bien quitarse la pereza, no posponer algo que queremos hacer y que el momento es ahora. Sin embargo, también hay otras cosas que cuando no sabemos cómo afrontarlas, cuando no estamos seguros de querer hacerlas, cuando sentimos que no es el momento, quizás es mejor dejarlas y esperar a mañana. Quizás mañana lo vemos de otro modo, algo ha variado, incluso muchas veces he comprobado que hasta se difumina, se disuelve y deja de ser necesario hacer algo con ello.

Por eso, quizás la frase que yo utilizaría hoy es **"Da cada día lo mejor de ti"**.

Para dar cada día lo mejor de mí, ahora tengo que elegir bien lo que hago cada día, a qué dedico mi tiempo. He aprendido que no todo lo tengo que hacer hoy, puedo dosificar, planificar, flexibilizar, encajar diferentes cosas que surjan e incluso cambiar mis planes sobre la marcha para ajustarme de manera flexible a las circunstancias. He aprendido a sentir y observar, y para eso también se necesita tiempo.

Lo que me resulta curioso es observar que cuando estaba en la rueda del hacer y hacer, en la rueda de la exigencia y el control, a menudo estaba sobrecargada y pensaba que no tenía tiempo. Ahora me voy a la cama satisfecha con todo lo que he hecho durante el día. Veo que tengo muchísimo tiempo.

Todos tenemos en realidad 24 horas cada día y se pueden utilizar de muchas maneras diferentes. Quizás lo importante sea revisar lo que hacemos con ese tiempo para ver si estamos satisfechos con ello o queremos utilizarlo de otro modo.

"El momento es ahora"

"Da cada día lo mejor de ti"

Me quedo con estas frases hoy.

Gracias.

34. "El que no mira es como el que no ve"

"Ojos que no ven, corazón que no sufre".

Hoy voy a dedicarme a dos frases porque cuando he escrito la primera, "El que no mira es como el que no ve" y he empezado a sentir esta frase y a pensar el ella, mi primer pensamiento ha sido yo lo hago al revés, tengo problemas de visión, así que, aunque mire no veo y automáticamente me he dicho: "claro, ojos que no ven, corazón que no sufre".

Ahora que lo he escrito he recordado que la frase original, al menos como la decía mi madre, es "ojos que no ven, corazón que no siente". Así que ya vemos la primera traducción o interpretación que yo hice en esta frase: Sentir = Sufrir.

Creo que estas dos frases hacen una especie de cortocircuito en mi interior, según me las digo juntas las veo incompatibles. Por un lado, con la primera yo entiendo que hay que mirar y estar atento para poder ver las cosas, que si no miras y prestas atención es como si eres ciego, ese es el significado que yo le doy directamente a las palabras "el que no ve".

Yo no quiero estar ciega, cualquier deficiencia en nuestros sentidos es algo que en principio nadie quiere. Además, especialmente con la ceguera siento una tristeza especial. Tengo tres vivencias que me producen mucha tristeza. Por un lado, a una amiga del cole, que se llama Inma, en ese momento en que éramos mejores amigas, su papá se quedó ciego. Fue algo que pasó de manera repentina y tuvo un gran impacto en toda su familia, en ella y supongo que también en mí por lo unidas que estábamos. No nos gusta ver sufrir a las personas que queremos, además yo creo que me produjo un poco de miedo ver que esas cosas pueden pasar así, de repente.

Por otro lado, mi abuelo materno se quedó ciego a causa de la diabetes. Eso también me producía una profunda tristeza porque a él le veía muy enfadado con esa situación, no podía leer que le encantaba y tampoco moverse bien. No poder comer lo que quería también le disgustaba. Disgustaba quizás es una palabra suave, en realidad yo lo que vi fue que mi abuelo pasaba de ser una persona alegre y bromista a una persona cabreada y malhumorada.

Por último, una hermana de mi madre, mi tía Floren, tenía problemas con la vista, estaba casi ciega y había optado por resignarse con esa situación y hacer una vida metida en casa, donde ella se sentía más segura, conocía los recorridos y se valía por sí misma. Me producía tristeza también esa situación porque es como ver a alguien estancado, sin salir, desaprovechando tantas cosas lindas que nos ofrece la vida.

Así que, por todo esto, en principio yo querría mirar para no estar ciega.

Sin embargo, viene la segunda gran verdad que me dice que es mejor que tus ojos no vean para no sufrir.

Y ahora yo con esto no sé qué hacer ¿quiero mirar para no estar ciega? O ¿quiero estar ciega para no sufrir?

Pues en realidad creo que he apostado más por no sufrir y que de alguna manera, he fusionado las frases. Por un lado, no me considero una persona muy atenta y observadora, hay muchas cosas en las que no me fijo (ojos que no miran) y por otro tengo problemas de visión (ojos que no ven).

En realidad, tengo miopía que consiste en ver mal de lejos. También he identificado tres o cuatro escenas en mi vida en las que a lo lejos vi un gran peligro y sufrí un gran miedo, así que debí decidir no ver de lejos para no sufrir.

Llegada a este punto siento tristeza por haberme creído tanto estas frases, haber entrado en conflicto con ellas, por perderme la oportunidad de ver ciertas cosas o ver de lejos. Ahora creo que no ver no es ninguna ventaja. Pienso que ver las cosas, aunque no te gusten, es una ventaja porque gracias a la vista alguno de aquellos problemas se pudo resolver, otros eran miedos irreales, miedo a algo que en realidad no había sucedido, pero miedo a una posible muerte, así que un miedo muy potente.

En fin, hoy elijo desligar la vista del sufrimiento. Si tomo la frase como es y en plan neutro "ojos que no ven, corazón que no siente". Los sentimientos no son sólo sufrimientos, son también disfrute. Es maravilloso poder ver y sentir cosas preciosas con las maravillas que nos ofrece la naturaleza, por ejemplo.

Amo mis ojos, me encanta ver, siento haberlos utilizado como herramienta para intentar no sufrir.

"Ojos que no ven, maravillas que se pierden"

"Ojos que no ven, corazón que no alegran"

Gracias por mis ojos y por mi visión.

Gracias.

35. Como me dijo mi padre … "Nada os pido, nada me pidáis".

La frase de hoy no la he sacado al azar como hago habitualmente. Ayer estuve revisando qué frases me quedaban por escribir y sentí que hoy tenía que dedicarme a esta porque sentía que resonaba demasiado en mi interior. Tan importante es para mí, que hoy me he despertado algo más de media hora antes de que sonase el despertador y mi cabeza se ha puesto a observar esta frase y todo lo que ha supuesto para mí. He podido ver como estoy reproduciendo actualmente una situación en mi vida para poder liberar ya todo el montaje que me hice cuando escuché esta frase. Voy a ver si soy capaz de ordenar y contar de algún modo todo lo que he comprendido antes de levantarme.

Esta frase me contó mi madre que se la dijo su padre cuando ella y dos de sus hermanas, siendo jovencitas las tres, se fueron a Madrid en busca de trabajo. Ellos vivían en un pequeño pueblo de Valladolid llamado Villabaruz de Campos.

A pesar de que mi madre cuando me lo contaba me decía que su padre era un hombre justo y le veía el lado positivo de que no les pedía nada, yo no lo veía así. Yo no decía nada a mi madre por no contradecirla y no hablarle mal de su padre, sin embargo, en mi interior no lo veía igual que ella.

Por un lado, veía a mi madre como una joven desprotegida que daba un salto muy grande saliendo de la casa familiar de un pueblo tan chiquitito y llegaba a Madrid, una ciudad tan grande en busca de trabajo.

Por otro lado, veía que esa frase de mi abuelo la desprotegía aún más, para mí era como que él le cerraba la puerta y que, aunque ella necesitase ayuda no podría recurrir a él.

Creo que odié a mi abuelo por esa frase y además cree en mí la idea de que las mujeres no pueden apoyarse económicamente en los hombres, y también la idea de que una vez que sales de casa de tus padres no debes pedirles nada. Esta última idea me la reforzó también el hecho de que mi madre me dijo esta frase cuando me casé y me fui de casa.

No sé si lo hizo a modo broma o para ser tan justa como ella pensaba que había sido su padre, el caso es que me dijo: "como me dijo a mí mi padre, nada os pido, nada me pidáis".

En ese momento creo que me cogí también el papel de desprotegida que un día había asignado a mi madre cuando me contó su historia.

Mi historia y mi situación eran muy diferentes a la suya, sin embargo, nuestro inconsciente no razona, siente un peligro y se pone automáticamente a buscar soluciones. La vida te va dando todo tipo de escenarios y vivencias para ver si sacas ese miedo que hay en tu interior.

Yo, para reproducir mejor situaciones que me recuerdan ese momento en que mi madre se fue del pueblo que quedó grabado en mi interior, he hecho varios movimientos entre Madrid y pueblos.

Cuando me casé me fui a vivir a un pueblo de Madrid, pasado un tiempo "volvimos a casa", nos mudamos de ese pueblo al barrio de Madrid en el que habíamos vivido siempre. Y hace unos dos años nos mudamos de Madrid a un pueblo de Segovia.

He visto como mi situación económica se resiente cada vez que hago esos movimientos y hoy he comprendido que es por todo el resentimiento y el miedo que yo tengo en mi interior acerca de esta frase. Nada os pido, nada me pidáis.

Veo que es muy potente para mí la palabra "nada" que se repite dos veces en la frase, me lo tomo directamente como una prohibición, un mandato que no puedo quebrantar.

Relacionado con esta frase he creado en mi interior:

- Enfado y rechazo hacia mi abuelo y, quizás, hacia los hombres en general.

- Miedo a tener que pedir.

- Sensación de pérdida de la familia cuando te vas de casa porque ya no puedes recurrir a ellos.

- Dificultad en cambio de casa / pueblo / ciudad.

Todo esto me produce mucha tristeza e inseguridad. Sin darme cuenta he estado reproduciendo situaciones para ver todo esto que tengo acumulado y poder darle salida.

Cuando tenemos miedo a tener que pedir, la vida nos ofrece situaciones en las que tengamos que pedir para que superemos ese miedo.

Hoy, 3 de Mayo de 2021, quiero dejar descansar en paz a mi abuelo, a la frase y a mí misma.

Supongo que a mi abuelo no se le ocurrió mejor manera de expresar que no tenía recursos para poder ayudarlas y que todo lo que ganasen era para ellas.

También recuerdo con cariño, de cuando íbamos al pueblo en verano, como mi abuelo orgulloso nos ponía en fila a todos los nietos a la salida de misa los domingos y nos daba algo de dinero.

Creo sinceramente que la familia es un apoyo, que nos podemos ayudar unos a otros y que no es un drama pedir.

Siento que puedo confiar en mí misma, en los hombres y en la familia.

Gracias.

36. "La cara es el espejo del Alma".

37. "Más vale solo, que mal acompañado".

38. "A palabras necias, oídos sordos".

39. "El color depende del cristal con que se mire".

40. "Cría fama y échate a dormir".

41. "En casa del herrero, cuchillo de palo".

42. "Unos crían la fama y otros cardan la lana".

43. "Sarna con gusto no pica".

44. "Dos no regañan si uno no quiere".

45. "Antes la obligación que la devoción".

46. "Año de nieves, año de bienes".

47. "Ave que vuela, a la cazuela".

48. "Dime con quién andas y te diré quién eres".

49. "Mal de muchos, consuelo de tontos".

50. "Pan con pan, comida de tontos".

51. "A quien madruga, Dios le ayuda".

52. "Allá donde fueres, haz como vieres".

53. "Hay más días que longanizas".

54. "No dar oídos a sordos".

55. "Oveja que bala, bocado que pierde".

56. "Cada oveja con su pareja".

57. "A ti te da igual 8 que 80".

58. "Manos que no dais, ¿qué esperáis?".

59. "A perro flaco todo son pulgas".

60. "A caballo regalao no le mires el diente".

61. "A enemigo que huye, puente de planta".

62. "Líbrame del agua mansa que de la brava ya me libro yo".

63. "Una olla tienes gallego, si la comes ahora, no la comes luego".

64. "Camarón que se duerme, se le lleva la corriente".

65. "Éramos pocos y parió la abuela".

66. "El que escucha, su mal oye".

67. "Aunque la mona se vista de seda, mona es y mona se queda".

68. "El hábito hace al monje".

69. "Ande yo caliente, ríase la gente".

70. "Ropa lavada, sol espera".

71. "Mi gozo en un pozo".

72. " Contra el vicio de pedir, la virtud de no dar".

73. "Dime de que presumes y te diré de que careces".

Estas últimas 38 frases no voy a explorarlas de momento. Igual algún día, si así lo siento, sigo revisando y escribo la parte II de este libro.

En este momento me siento cansada, he hecho un trabajo muy profundo removiendo estas 35 frases y con ellas las creencias que había construido. Ahora siento que necesito descansar y dejar que todo se asiente. Y así me lo permito y pongo fin a este trabajo.

Me gusta mucho, además, que comienza y finaliza con dos frases de mi abuelo que han tenido mucho impacto para mí.

Hasta que no he hecho esto, no era consciente de que había tanta información de mi abuelo Bernardo en mí.

Deseo de corazón que este compartir haya servido para despertar en ti la idea de que quizás tengas creencias en tu interior que han nacido a partir de frases dichas por las personas de tu confianza, que esas frases han sido dichas de manera repetitiva y quizás han podido calar en ti.

Esas creencias en tu interior hacen que tengas determinados comportamientos y que se produzcan en tu vida situaciones determinadas porque te reflejan esa creencia más la solución básica e interna que le has dado.

Conocer y renovar nuestras creencias puede crear una realidad diferente para nosotros, una vida más plena, con menos ataduras y más relajada.

Una vez más, quiero recordar que no hay culpables, que las frases son transmitidas con la mejor intención y con el fin de traspasar la sabiduría familiar. Que cada uno de nosotros hace su interpretación en base a su experiencia hasta ese momento y su ambiente emocional y que, con esa interpretación, crea unas "soluciones" y eso es lo que experimenta.

Te animo a que revises si hay frases grabadas en ti, qué significado les has dado para observar si te limitan o te bloquean de algún modo y, así, poder liberarlo comprendiéndolo desde otro punto de vista.

He revisado 35 frases. Cuando antes las recordaba o incluso las decía en alguna situación, no imaginaba el poder que tenían y todo lo que había creado en torno a ellas.

Hoy las agradezco y doy la bienvenida a las nuevas frases que han surgido a lo largo de esta revisión.

Hoy es 11 de Mayo de 2021 y hace exactamente 5 años que comencé este camino de autoconocimiento.

Me parece bonito terminar este trabajo coincidiendo con esta fecha, será para mí como el broche final a este ciclo. De alguna manera siento que finaliza una etapa y comienza otra nueva.

Gracias por leerme y acompañarme en mis reflexiones.

¡Hasta Pronto!

Olga.